연애
타로카드의
정석

연애 타로카드의 정석

발행일   2020년 3월 13일

지은이   오은영
펴낸이   손형국
펴낸곳   (주)북랩
편집인   선일영   편집   강대건, 최예은, 최승헌, 김경무, 이예지
디자인   이현수, 한수희, 김민하, 김윤주, 허지혜   제작   박기성, 황동현, 구성우, 장홍석
마케팅   김회란, 박진관, 조하라, 장은별
출판등록 2004. 12. 1(제2012-000051호)
주소   서울특별시 금천구 가산디지털 1로 168, 우림라이온스밸리 B동 B113~114호, C동 B101호
홈페이지 www.book.co.kr
전화번호 (02)2026-5777   팩스   (02)2026-5747

ISBN   979-11-6539-091-4 03180 (종이책)   979-11-6539-092-1 05180 (전자책)

이 도서의 국립중앙도서관 출판예정도서목록(CIP)은 서지정보유통지원시스템 홈페이지(http://seoji.nl.go.kr)와
국가자료공동목록시스템(http://www.nl.go.kr/kolisnet)에서 이용하실 수 있습니다.
(CIP제어번호: CIP2020010619)

(주)북랩 성공출판의 파트너
북랩 홈페이지와 패밀리 사이트에서 다양한 출판 솔루션을 만나 보세요!
홈페이지 book.co.kr   •   블로그 blog.naver.com/essaybook   •   출판문의 book@book.co.kr

연애 타로카드의 정석

오은영 지음

북랩 book Lab

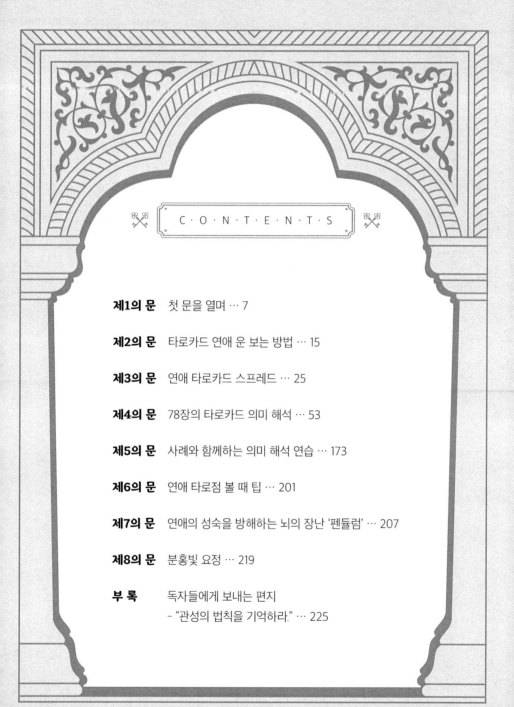

C·O·N·T·E·N·T·S

제1의 문 첫 문을 열며 … 7

제2의 문 타로카드 연애 운 보는 방법 … 15

제3의 문 연애 타로카드 스프레드 … 25

제4의 문 78장의 타로카드 의미 해석 … 53

제5의 문 사례와 함께하는 의미 해석 연습 … 173

제6의 문 연애 타로점 볼 때 팁 … 201

제7의 문 연애의 성숙을 방해하는 뇌의 장난 '펜듈럼' … 207

제8의 문 분홍빛 요정 … 219

부 록 독자들에게 보내는 편지
          - "관성의 법칙을 기억하라." … 225

제1의
문

첫 문을 열며

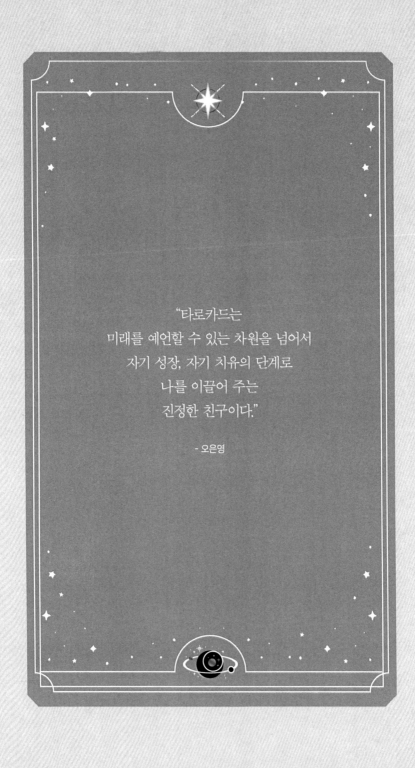

"타로카드는
미래를 예언할 수 있는 차원을 넘어서
자기 성장, 자기 치유의 단계로
나를 이끌어 주는
진정한 친구이다."

- 오은영

제가 타로카드를 공부한 이후로, 실제 상담 현장에서 접한 사례의 90%가 연애 상담이었습니다. 저 또한 실연에 대한 아픔을 겪게 되면서 타로카드를 접하게 되었습니다. 실연의 고통에서 벗어나고자, 어널 때는 하나의 희망의 지푸라기라도 잡을 수 있지 않을까 하는 희망에 타로카드를 쫓아다녔던 시절이 있었습니다. 그러는 과정에서 너무도 많이 찾아 헤맸기에 많은 지출을 감당해야 했고, 시간이 지난 후에는 후회할 정도로 많은 돈을 타로카드에 쏟아부었습니다. 결국 '나 스스로 공부해서 나 자신의 연애 운을 직접 보는 것은 어떨까?'라는 질문을 스스로 하게 되었습니다. 곧 나 자신으로부터 'yes'라는 대답을 듣고 저는 본격적으로 타로카드를 공부하기 시작했습니다.

연애의 고통 속에서 타로카드 연애 운을 한 번이라도 본 사람은 제 경험에 공감하지 않을까요? 타로카드를 볼 때 어떤 사람은 한 번에 끝내기도 하고, 또 어떤 사람은 같은 질문을 여러 타로카드 마스터에게 원하는 답을 얻을 때까지 찾아다니기도 합니다. 그리고 자기가 원하는 답을 해 준 타로카드 마스터의 점괘를 더 믿고 자신이 원하던 결과가 현실이 되기를 간절히 기다리기도 합니다. 예전의 저처럼 말이죠. 고백하자면 저는 상대방에게 답장해야 하는 날의 날짜까지 타로카드 마스터의 도움을 받을 정도로 의지하고 있었답니다. 부끄럽지만 그러한 의존 덕에 지금의 제가 있게 된 것 같습니다. 사실 멍청하다면 멍청하다고 할 수 있지만, 그때는 정말 절실했고, 그렇게라도 하지 않으면 실제로 미치지는 않겠지만 평균으로 따지자면 평균에서 약간 미친 쪽으로 향해 가는 자신을 느끼고 일상생활을 힘들어할 만큼 괴로움을 호소하며 지냈을 것입니다. 일부 사람들은 저처럼 그렇게 눈이 멀어서 오직 그것에만 집중해 타로카드를 보고, 신점을 보고, 점이라는 점은 다 섭

럽하기도 합니다. 이 모든 것은 무엇 때문입니까? 내가 좋아하는 그 사람과의 연애를 잘하고 싶은 이글거리는 욕망 때문이겠지요. 이 욕망에는 긍정적인 부분도 존재하고 부정적인 부분도 존재합니다.

아마 이 책을 손에 들고 있는 사람 중에서 절반은 이런 경험이 있지 않을까 하는 생각이 듭니다. 연애와 타로카드 간의 연관성에 그렇게 공감하지 않는 사람은 이 책을 손에 들 기회가 없을 것입니다. 그러나 연애와 타로카드의 연관성을 직접 경험한 사람들은 이 책에 대한 궁금증이 한 번은 일어나리라 생각합니다. 후자의 사람들을 위해서 저는 이 책을 출판하기로 마음먹었습니다.

저는 저처럼 연애를 하면서 타로카드에 의지해 보았던 경험이 있는 사람들을 위해 이 책을 만들기로 했습니다. 즉, 자신이 직접 타로카드를 익혀서 자신의 연애에 대해서 예지할 방법을 알려드리는 것입니다. 미래를 아는 것이 무엇이 중요한가? 그렇습니다. 사실 그렇게 중요하진 않습니다. 아니, 실제로는 모르는 것이 좋습니다. 그러나 연애를 하다 보면 궁금증이 항상 일어나고, 두려움과 불안이 나를 괴롭히기도 합니다. 여기서 두려움과 불안이 일어날 때는 눈이 멀어서 아무것도 보이지 않고, 귀가 먹어서 주변에서 아무리 뭐라고 해도 들리지도 않고, 입도 멀어서 입맛도 없고 내가 실제로 존재하는지도 느끼지도 못하고 귀신처럼 그 사람만을 생각하며 시간을 보내기도 합니다. 이때 사람들은 타로카드를 찾을 것이고 거기서 위안을 얻습니다. 위안을 얻기 위해서 찾았는데 자신이 원하는 답을 해 주지 않을 때는 화를 내거나 전화 상담일 경우에는 전화를 바로 끊어버리기도 합니다. 정말 어이가 없는 어리석은 행동이지만, 저는 충분히 이해됩니다. 그만큼 그들은 불안하고 괴로운 것입니다. 어쨌든 살면서 이런 일이 없으면 좋겠지만, 사랑은 정말 언제 어떻게 시작될지 모르고 어떻게 전개될지도 모릅니다. 그렇기에 한 번쯤 궁금할 나의 연애, 한 번은 불안과 괴로움을 줄 나의 연애를 위한 하나의 준비로, '나 자신이 연애에 대한 타로 마스터가 되어 보는 것', 이것을 이 책에서 제안하고 싶습니다.

　등을 긁어 줘도 남이 긁어 줘야 시원한 것처럼, 사실 내가 알고 있어도 남이 알려주는 것을 더 원하게 될 때가 있지만, 내가 알고 있다면 그 과정을 훨씬 더 잘 활용할 수 있습니다. 저는 아직도 중요한 사람과의 관계에서 너무 힘든 상황이 오면 다른 선생님에게 타로를 봅니다. 왜냐하면 제 손으로 차마 카드를 뽑기가 너무 두려울 때가 있거든요. 결과에 대해서 저의 사심이 들어가게 될 때는 제가 좋아하는 선생님께 가서 타로를 보곤 합니다. 하지만 그럴 때를 제외하고는 제가 배워둔 타로카드는 연애를 할 때 매우 유용하게 작용했고, 그 덕에 저는 타로카드를 알기 전과 알고 난 후로 연애에 대한 마음가짐이 많이 변하게 되었습니다. 타로카드를 몰랐다면 저는 아마 그 전과 똑같이, 제가 연애하는 방식에서 벗어나지 못하고 연애의 대상만 변하는 계속 같은 연애를 반복했을 것입니다. 타로카드를 공부하기 전에 늘 그랬던 것처럼 말입니다. 타로카드는 단순히 점을 보는 것이 아니라 실제 나 자신의 내면과의 만남입니다. 이 책을 읽고 실제로 실행하는 사람들은 78장의 타로카드에 대해서 알게 될 뿐만 아니라, 자신의 연애 운을 실제로 예지할 수 있을 것입니다. 또한, 공부하는 과정에서 자신의 연애에 대해서 되짚어보고 관찰자의 입장에서 자신을 바라보는 능력까지 익힐 수 있길 바랍니다. 자신의 연애에 대해 반성하면서 앞으로의 연애에 대한 마음가짐의 목표를 세울 수 있습니다. 분명 타로카드를 공부하기 전과 공부하고 난 후에는 '연애'에 대한 두 글자 앞에 서 있는 자신의 모습이 변해 있을 것입니다. 당연히 긍정적으로 말이지요. 저는 그러한 믿음으로 이 책을 완성했습니다. 완성된 이 책이 연애 때문에 많은 눈물을 흘린 당신에게 비 온 뒤 꽃잎에 맺힌 한 방울의 빗물만큼의 적은 양이라도 도움이 되길 바라는 마음입니다.

저는 이 타로카드를 실전 연애에 어떻게 잘 활용할 수 있는지 여러분에게 안내해 드릴 것입니다. 단순히 질문을 얻고 답을 얻는 것이 아니라 자신의 연애 방식을 되짚어보고, 연애에서의 속도와 상대방을 이해하는 방법 등도 함께 다루어 이 책이 여러분 손에서 떠날 때쯤에는 더욱 성숙한 연애에 대한 이념이 여러분에게 심어질 수 있도록 도와드리고 싶습니다.

참고로 이 책은 타로 마스터를 준비하는 사람들을 위한 책이 아니라 연애로 답답한 마음에 서점에서 이 책을 선반에서 꺼내 든 분들을 위한 책입니다. 즉, 그분들이 집에 와서 이 책을 통해 바로 타로점을 볼 수 있도록 쉬운 내용으로 구성하였습니다. 누구라도 타로카드를 배우지 않았다 하더라도 타로카드와 이 책만 있으면 누구나 자신의 연애운을 볼 수 있도록 최대한 쉬운 내용으로 만들었습니다. 타로카드 한 장이 포함하고 있는 의미는 엄청나게 광범위합니다. 그림은 매우 간단한 것 같지만, 그 그림 속에 등장하는 하나하나의 요소들의 의미는 몇 차원에서 해석하느냐에 따라서 그 깊이가 매우 깊습니다. 만일 이 책에서 그러한 의미와 상징들을 다 다룬다면 아마 여러분은 책을 던져버리고 1만 원으로 타로점을 보러 가시는 것이 훨씬 나을지도 모릅니다. 그렇기에 저는 누구라도 이 책을 집어 든 분들은 바로 그 자리에서 자신

연애 타로카드의 정석

의 타로점, 또는 친구의 타로점을 볼 수 있도록 만들기 위해서 노력하였습니다. 중간에 약간의 혼돈이 찾아오더라도 조금만 참고 마지막 문까지 열어 보신나닌 분닝 여러분은 ㄱ 문을 동파하기 선과 틸라진 니텨분이 되어 있을 것입니다. 8개의 문으로 이루어진 이 책을 저와 함께 열어 보시길 바랍니다.

저는 여러분에게 다가올 빛나는 연애를 간절히 바라고 있습니다.

제2의
문

타로카드 연애 운 보는 방법

"사랑이라는 것은
젊고 아름다운 사람을 사랑해 손에 넣고자 하거나,
훌륭한 사람을 어떻게든 자신의 것으로 만들어서
그 영향력 아래에 두려고 하는 것이 아니다.
또한, 사랑한다는 것은
자신과 비슷한 자를 찾거나 슬픔을 나누는 것도 아니며,
자신을 사랑하는 사람을 기꺼이 받아들이는 것도 아니다.
사랑한다는 것은
자신과는 완전히 정반대의 삶을 사는 사람을
그 상태 그대로,
자신과는 반대의 감성을 가진 사람을
그 감성 그대로 기뻐하는 것이다.
사랑을 이용해 두 사람의 차이를 메우거나
어느 한쪽을 움츠러들게 하는 것이 아니라,
두 사람 모두 있는 그대로 기뻐하는 것이 사랑이다."

- 프리드리히 니체(Friedrich Wilhelm Nietzsche)

이제부터 여러분은 연애 타로 마스터가 되는 준비를 하게 됩니다. 이 과정은 준비단계로 타로카드를 구입해 카드를 어떻게 만지고(어떻게 셔플하고) 어떻게 배열하고 어떻게 해석하는지를 알려 드립니다. 자근차근 하나씩 순서대로 저를 따라오세요.

◎ 준비물: 타로카드, 스프레드 천

1. 타로카드 구입하기

첫 번째로 우리는 타로카드를 구입해야 합니다. 타로카드의 종류는 아주 다양합니다. 그러나 우리가 사용할 카드는 타로카드 중에서도 가장 기본적인 유니버설 웨이트 타로카드 또는 라이더 웨이트 타로카드입니다. 이 중에서 선택해 구입하시면 됩니다. 오프라인 또는 인터넷에서 구입 가능합니다. 도움이 되고자 구입 가능한 사이트를 소개합니다.

◎ 인터타로: www.interarot.kr
◎ 타로클럽: www.tarotclub.com

2. 환경 정리

타로카드가 여러분의 손에 도착하였나요? 그럼 이제 타로카드 점을 볼 준비를 해 볼까요? 먼저 장소를 정해야 하는데 조용한 장소를 선택해야 합니다. 질문을 하는 사람, 해석을 하는 사람 모두 집중을 잘할 수 있는 곳이어야 합니다. 내가 나의 연애 운을 본다면 나에게 가장 편안한 장소를 선택합니다. 그리고 주변은 깨끗하고 조용한 것이 좋습니다. 그래야 카드도 편안해져서 우리들의 이야기를 잘 듣고 대답해 줄테니까요. 환경 정리를 완료했다면 얼른 손을 깨끗하게 씻고 오세요. 카드는 신성한 물건인 만큼 깨끗하고 소중하게 다루어야 하겠지요?

모든 준비가 되었다면 이제 시작해보겠습니다.

3. 셔플하기

타로카드 연애 운을 볼 가장 적절한 장소에 내가 앉아 있다면 이제 깨끗한 손으로 78장의 카드를 쥐고 카드를 다루어야 합니다. 카드는 아마도 80장이 들어있고, 78장은 그림이, 2장은 바탕이 하얀 카드에 글자가 새겨져 있을 것입니다. 이 2장은 옆에다 두고 우리는 78장의 카드만을 다룰 것입니다.

78장의 카드를 손에 쥐고 우리는 '셔플(shuffle)'을 하게 됩니다. '셔플(shuffle)'은 과연 무엇일까요? 셔플은 카드놀이를 하기 전에 카드를 섞는 행위를 말합니다. 우리 모두 아마도 어렸을 때 한 번쯤은 포커나 고스톱을 해 보지 않았을까요? 그때 직접 셔플(카드를 섞는 행위)을 해 본 분들도 계시고, 아니면 옆에서 지켜보기만 했던 분들도 계실 겁니다. 저는 영화 속 카지노 장면에서 딜러들이 카드를 화려하게 섞는 모습을 보고 "우와!" 하며 감탄하기도 했는데요, 타로카드는 딜러들처럼 화려한 기술은 필요 없답니다.

먼저 카드를 그림이 보이지 않게 뒤집어서 손바닥에 올려두고 위아래로 잘 섞일 수 있도록 합니다. 우리가 선택한 카드는 정방향과 역방향을 함께 다루는 카드이기 때문에 서로 잘 섞일 수 있도록 남쪽 방향 카드를 뒤집어서 북쪽으로 돌리며 섞어 주어야 정방향과 역방향이 적절하게 골고루 잘 섞일 수 있습니다. 초보자들에게는 정방향과 역방향의 의미가 매우 어려울 수 있는데요 저를 잘 따라오시면 어렵지 않으니 걱정하지 마세요.

이렇게 서플한 다음 앞의 준비물에서 언급한 스프레드 천을 바닥에 깔고 78장의 카드를 왼쪽에서 오른쪽으로 부채꼴 모양으로 옆으로 길게 펼칩니다. 서플보다 이렇게 펼치는 것이 더욱더 어려울 것입니다. 그래도 여러 번 연습하면 요령이 생기니 자주 연습해 보세요. 서플과 펼치기가 익숙해질 정도로 연습해 보세요.

4. 질문하기

타로카드를 구입하고, 서플 연습과 펼치기 연습까지 모두 익혔다면 이제 실제로 연애 운을 볼 차례입니다. 연애 운은 어떻게 볼까요? 자, 가장 먼저 질문을 만들어야 합니다. 이 과정이 가장 어렵습니다. 질문은 답이 완전히 떨어질 수 있고(그렇다 또는 아니다), 한 번에 한 가지의 답만을 얻을 수 있는 것을 선택해야 합니다. 또한, 질문은 매우 정확해야 합니다. 자신이 무엇이 가장 궁금한지를 알아야 질문이 나올 수가 있습니다. 예를 들면, "남자친구랑 싸웠는데, 오늘 그에게서 연락이 올까요?" 이런 질문은 간단하고 정확한 답이 나올 수 있는 질문이기에 적절합니다. 반면에 "남자친구가 지금 무슨 생각을 하나요?" 이러한 질문은 최고의 전문가가 아니면 답을 찾기 힘든 광범위한 질문입니다. 즉, 우리가 하기에는 적절하지 못한 질문의 예시입니다. 우리의 뇌는 단 몇 초 안에도 엄청난 양의 생각을 하는데 그것을 찾아내 달라는 건가요? 물론 아마 질문자는 '지금 그가 그녀에 대해 생각하는지.', 다투었다면 '그녀와 헤어질 생각을 하는지.' 이러한 것들이 궁금했을 것입니다. 이렇게 광범위한 질문이 만들어지면 세부적으로 나누어서 구체적인 질문을 만들어야 합니다. 설명이 어렵지 않죠? 다시 설명하자면, 우리는 초보자이기에 정확하고 간단한 답을 얻을 수 있는 구체적인 질문을 만드는 것이 가장 중요합니다.

자, 이제 질문을 만들었다면 앞에서 연습한 서플을 하면서 입으로는 카드에게 질문합니다. "남자친구와 헤어졌습니다. 저희가 연인으로서

참고해 주세요

타로카드 질문에서는 시간의 흐름도 중요합니다. 타로카드점은 최대 1년 내의 시간 안에 일어날 일들에 대해서 질문하는 것이 가장 적절합니다. 타로카드점의 특성상, 너무 긴 기간의 일들은 잘 감지하지 못합니다. 긴 기간 동안 많은 부수적인 사건들이 존재하기 때문이지요. 그러니 질문을 만들 때는 기간을 넣어서 함께 질문한다면 더욱 정확한 답을 얻을 수 있습니다. 앞의 질문을 예로 든다면 "남자친구와 헤어졌습니다. 1달 이내에(또는 3개월 안에, 또는 1년 이내에) 저희가 다시 연인으로서 재회할 수 있을까요?"라고 물으면 아주 훌륭한 질문이 완성되는 것입니다.

즉, 타로카드로 얻을 수 있는 답은 가까운 미래에 관한 답입니다.

다시 재회할 수 있을까요?"라는 질문을 만들었다면 서플하는 동안 이 질문을 집중이 될 때까지 반복해서 합니다. 어느 정도 집중이 되었다면 질문을 멈추고, 서플한 카드를 부채꼴 모양으로 옆으로 펼칩니다. 펼쳐진 카드들을 보고 이제 그 답을 선택할 차례입니다. 떨리는군요.

5. 카드를 선택하기

펼쳐진 카드에서 우리는 답을 찾는 카드를 선택해야 합니다. 선택한 카드를 배열대로 줄 세우면 됩니다. 이것을 스프레드라고 하며 배열법, 즉 스프레드는 다음 장에서 다룰 예정입니다. 카드는 정방향과 역방향이 바뀌지 않도록 카드를 뽑은 그 방향대로 배열 자리에 놓으시면 됩니다.

6. 카드를 배열하기(타로카드 스프레드)

카드 배열법은 한 장을 이용한 배열법, 2장, 3장 배열법 등 카드 수에 맞는 배열법들이 있습니다. 다음 장에서 계속해서 제가 설명해 드리겠습니다. 배열법은 스프레드라고 합니다. 카드 수에 따라 다양한 배열법들이 있지만, 결과로 너무 많은 카드가 나온다면 초보자인 우리를 너무 혼란스럽게 하고 너무 많은 해석은 오히려 연애에 도움이 되지 않을지도 모릅니다. 그래서 저는 실제로 여러분이 아주 쉽게 적용 가능한 스프레드만을 소개할 것입니다. 카드는 6장을 넘기지 않습니다. 질문에 맞게 적절한 스프레드를 선택해서 답을 찾으시면 됩니다. 이 부분은 아직은 어떻게 되는 건지 예상이 잘 안 될 것입니다. 이후의 스프레드 장에서 저와 함께 공부한다면 바로 이해가 될 테니 조금만 기다려 주세요.

7. 카드를 해석하기

이렇게 스프레드에 맞게 카드가 배열되었다면 그것을 한 장씩 뒤집어서 그림을 확인한 다음 해석합니다. 가장 중요한 부분이 드디어 나왔습니다. 카드를 선택했지만, 답을 알지 못하면 모든 것이 무의미하겠지요. 이 책에서는 이 부분을 확실하게 다루어서 여러분 모두 이 책을 읽고 나면 내 연애 운은 내가 알아서 예측할 수 있도록 하겠습니다. 물론 여러분이 열심히 해 주셔야겠죠. 또한, 공부하기가 힘들다면 카드를 뽑고 책을 펼쳐서 그림을 찾아서 답을 찾아볼 수 있도록 구성해 놓을 테니 공부하기 바쁘신 분들도 걱정하지 마세요. 내가 뽑은 카드는 스스로 이 책에서 답을 찾을 수 있도록 도와드리겠습니다.

이러한 과정이 타로카드로 연애 운을 보는 방법입니다. 여러분은 타로카드를 구입하셨고, 서플 연습을 하셨을 것이고, 질문까지 만들어서 카드를 펼쳤으며, 그에 대한 답을 찾아서 카드를 뽑았습니다. 이 과정까지 모두 하실 수 있다면 이제 다음 장에서 뽑은 카드를 어떤 모양으로 놓을지, 그리고 그 카드가 어떤 의미인지를 해석하는 실제 연애 운보기 본론으로 들어가겠습니다. 스프레드까지 만들고 내 카드를 내가 해석했는데 그 결과가 예측하지 못했던 결과라고 해서 너무 놀라지 마세요. 타로카드는 여러분에게 문제를 해결할 수 있는 어드바이스까지 친절하게 선물해 줄 것입니다. 이 책과 시간을 함께할수록 타로카드의 힘을 새롭게 느끼게 되실 것입니다. 자, 준비되셨나요? 다시 저를 잘 따라오십시오.

제3의
문

연애 타로카드
스프레드

"나는 덤불 속에 가시가 숨어 있다는 것을 안다.
그렇지만 원하는 꽃을 꺾기 위해서라면
내 손을 거두지는 않는다.
나는 원하는 사랑을 얻기 위해서라면
내 영혼의 상처를 감내한다.
덤불 속의 꽃이 모두 아름답지는 않겠지만
그렇게라도 해야 그 꽃의 향기를 맡을 수 있는 법.
상처받기 위해 사랑하는 것이 아니라
사랑하기 때문에 상처받는 것이므로
사랑하라.
이 세상에 이보다 더 좋은 것은 없느니!"

- 조르주 상드(George Sand)

타로카드에서 스프레드란 질문의 답을 찾아가는 길, 즉, 카드 배열법을 말합니다. 타로점을 볼 때는 질문에 적절한 스프레드 방식이 각각 있는데요, 현재 사용되고 있는 스프레드만 해도 1,200개 이상 된다고 합니다. 그렇지만 우리는 그 많은 스프레드를 모두 외울 필요가 없습니다. 저는 연애와 관련된 타로에 초점을 맞출 것이고, 가장 쉽고 적절한 스프레드를 소개해 드리겠습니다. 제가 소개한 스프레드만으로도 여러분은 충분히 연애 타로 마스터가 될 수 있습니다.

1. One(원) 카드 스프레드

스프레드 중 가장 기본이 되는 것은 One 카드입니다. 말 그대로 단한 장의 카드로 질문에 대한 답을 받을 수 있는 것입니다.

먼저 질문을 정하고, 카드를 셔플하면서 궁금한 것에 대해 질문합니다. 셔플한 카드를 스프레드 천에 부채꼴 모양으로 펼쳐서 78장의 카드 중 하나의 카드를 선택합니다. 카드를 선택하기 전 카드에게 다시 한번 질문을 합니다. 단 한 장의 카드로 답을 찾기 때문에 최대한 편안한 마음으로 집중해서 뽑아 주세요. 자, 이제 편안한 마음으로 카드를 뒤집어 봅니다.

1

그럼 One 카드로 타로점을 볼 수 있는 질문에는 어떤 것이 있을까요? 다음과 같은 질문에 One 카드 스프레드를 활용하실 수 있습니다. 질문한 다음 카드를 한 장을 뽑아서 결과를 확인하시면 됩니다. 긍정의 카드가 나온다면 답은 'Yes'로 해석하고, 부정의 카드가 나온다면 'No'로 해석하시면 됩니다. 참, 여기서 혼란스러울 때는 부정으로 질문을 했는데 긍정의 카드가 나올 경우입니다. 그렇다면 부정에 대한 긍정으로 보면 됩니다. 예를 들어, "좋아하는 사람이 있어서 제 생일파티에 초대했습니다. 그 사람이 오지 않을까요?"라고 질문했는데 긍정의 카드가 나왔다면 결과는 '그 사람은 오지 않습니다.'입니다. 또 하나, "좋아하는 사람에게 고백했습니다. 그 사람이 저의 고백을 거절할까요?"라고 질문했는데 긍정의 카드가 나왔다면 답은 '거절한다.'가 되겠습니다. 이해가 되셨나요? 조금 혼란스러울 수 있겠지요? 즉, 질문의 답에 긍정이냐, 부정이냐를 결과로 보고 해석하시면 됩니다. 그래도 여러 번 반복해서 연습하신다면 곧 쉽게 이해하실 겁니다. 질문들을 살펴보시고 One 카드를 활용할 수 있는 궁금한 질문들을 한 번 생각해 보세요.

Q: 남자친구(여자친구)와 일주일 전에 싸웠는데요, 이번 주에 다시 만날 수 있을까요?

Q: 여자친구(남자친구)가 너무 바쁜 직업입니다. 이번 제 생일에는 여자친구를 만날 수 있을까요?

Q: 소개팅을 했습니다. 이 사람이 마음에 무척 드는데, 애프터 신청을 받을 수 있을까요?

Q: 헤어진 남자친구가 저와의 SNS를 모두 차단했습니다. 남자친구가 다시 차단을 해제할까요?

Q: 짝사랑하는 사람이 있습니다. 이 사람에게 현재 이성 친구가 있을까요?

앞의 질문과 같이 질문의 대답이 하나로 떨어질 수 있는 질문이라면 One 카드 스프레드 방법을 사용할 수 있습니다.

2. Two(투) 카드 스프레드

우리는 살면서 수많은 결정의 순간과 맞닿게 됩니다. 간단한 것부터 아주 중요한 것까지 결정할 일들이 참 많죠?

'이것을 사야 하나, 저것을 사야 하나?' 또는 '소개팅에 나갈 때 이 옷을 입는 게 좋을까, 저 옷을 입는 게 좋을까?', '데이트 중에 같은 시간대에 보고 싶은 영화 두 편이 동시에 상영된다면 지금 당장 어떤 것을 보는 것이 좋을까요?', '현재 저를 좋아하는 사람이 두 명 있고, 저도 그 두 사람이 좋습니다. 그런데 멋진 연애를 위해서는 누가 저랑 더 맞을까요?' 등, 너무 많습니다. 예가 너무 유치했나요? 쉽게 설명하기 위해서 간단한 질문의 예를 들어보았습니다.

이것들은 모두 간단한 선택의 상황이지만, 살다 보면 큰 일 앞에서도 우리는 선택의 순간과 마주하게 됩니다. 이럴 때 활용할 수 있는 것이 Two 카드 스프레드입니다. 결정 장애의 순간을 도와주는 고마운 스프레드입니다. 이 스프레드 공부를 하신 후에는 너무 많은 순간의 선택 앞에서 고민하지 마시고 이 스프레드를 활용해 보세요.

자, 시작해 볼까요? 고민 중인 문제를 생각하고 질문을 만듭니다. 질문하면서 서플한 다음에 카드 전체를 부채꼴 모양으로 펼쳐 놓습니다.

a   b

질문은 당연히 a의 결정이 좋은지, b의 결정이 좋은지에 대한 질문일 것입니다. 카드를 뽑기 전에 a를 선택했을 때 결과가 어떨지 질문한 다음 카드 한 장을 뽑고, 두 번째는 b를 선택했을 때 결과가 어떨지 질문한 후에 카드를 한 장을 뽑아서 나란히 놓습니다. 그림처럼 차례대로 a 질문에 대한 답 카드를 왼쪽, b 질문에 대한 답 카드를 오른쪽에 둡니다. 그리고 두 카드가 모두 온전히 선택되었다면 하나씩 뒤집어서 결과를 확인하시면 됩니다.

Two 카드 스프레드를 활용할 수 있는 질문들을 한 번 살펴보겠습니다.

Q: 남자친구(여자친구) 생일 선물을 고르고 있습니다. 지금 남자친구(여자친구)는 향수와 지갑을 새로 구입해야 하는데 제가 무엇을 사주면 좋을까요?

: 먼저 서플하면서 애인의 생일을 상상하세요. 카드를 펼치고 향수를 생각하면서 한 장을 뽑고, 다음은 지갑을 생각하면서 한 장을 뽑아서 나란히 두세요. 향수를 생각하면서 뽑은 카드의 결과와 지갑을 생각하면서 뽑은 카드의 결과를 보고 선물을 결정하세요. 결과가 두 카드 모두 긍정일 경우 다음 장에서 배우게 되는 같은 긍정의 카드 중에서 우위가 있습니다. 더 좋은 느낌의 카드가 나온 것으로 선택하세요. 또는 두 카드 모두 긍정이니 고민은 끝내고 원하는 것으로 구입하면 됩니다.

Q: 두 남자로부터 고백을 받았습니다. 저는 사실 이 두 남자가 다 좋은데 지금은 어떤 사람과 사귀는 것이 더 좋을까요?

: 너무 행복한 고민이네요. 일단 서를아면서 두 사람을 떠올리세요. 첫 번째 사람의 이름을 말하면서 머릿속으로 그 사람을 생각하시고 한 장의 카드를 선택하고, 다음은 두 번째 사람의 이름을 말하면서 머릿속으로 그 사람을 생각하시고 한 장의 카드를 선택해서 나란히 놓습니다. 결과를 뒤집어 보고 더 강한 긍정의 카드가 나온 사람을 선택해 보세요.

이렇게 카드를 뽑아 보면 마음이 조금 변하게 되거나 상대에 대해서 조금 더 깊이 생각하게 되는데, 그때 자신의 마음에 집중하면 자신이 흔들렸던 마음이 정리됩니다. 첫 번째 사람이 선택되었는데 갑자기 마음에서 흔들림이 일어난다면, 두 번째 사람에 대한 미련이 생기게 되고 갑자기 두 번째 사람이 더 좋게 느껴질 때가 있습니다. 이럴 경우에는 일주일 정도의 여유 시간을 두고 다시 한번 보시면 됩니다. 사람과의 인연이니 시간을 두고 신중하게 결정하시면 될 것입니다. 그런데 이렇게 카드가 첫 번째 사람을 추천했는데 선뜻 받아들이지 못하는 나의 모습을 발견했다면 그건 아직 마음이 완전하지 않다는 뜻이기에 다시 한번 일주일 동안 그 사람에 대한 자기 자신의 마음을 돌아보면서 그 사람에 대한 내 마음을 깊게 바라보는 시간을 가지면 좋겠죠. 절대로 서두를 필요가 없고, 서둘러서도 안 됩니다. 결정이 나지 않을 때는 침착하게 기다리는 것이 최고의 길입니다.

3. Three(쓰리) 카드 스프레드

세 장의 타로카드로 우리는 아주 다양한 해석을 위한 스프레드를 만들 수 있습니다. Three 카드부터는 조금 깊이 있고 복잡한 질문에 대한 답을 찾아가는 데 활용할 수 있습니다. 그만큼 해석 또한 One 카드처럼 그렇다, 아니다, Two 카드처럼 이거 아니면 저것, 이렇게 간단하지가 않습니다. 둘 사이의 관계, 서로에 대한 생각 등 지금부터 조금씩 깊이가 더해지니 집중하시기 바랍니다. 하지만 그만큼 더욱 활용성이 좋고 다양한 질문에 활용할 수 있습니다. 복잡하지만 제가 알기 쉽게 스프레드에 이름을 붙여서 소개해 드리겠습니다.

1) 마음 읽기 스프레드(세로 three 카드 스프레드)

이 스프레드는 상대방의 마음이 궁금할 때 실행하는 스프레드입니다. 심리학적인 의식의 구조를 활용해 실제로 상담 현장에서 제가 적용해 보았습니다. 마음을 읽을 때 제가 가장 많이 활용하는 스프레드이기에 '마음 읽기 스프레드'로 이름을 지어 보았습니다. 가장 위에 놓는 카드는 우리가 인지할 수 있는 의식(conscious)의 단계를 나타냅니다. 중간에 배열되는 카드는 마음의 카드로 마음으로 느끼는 단계를 말합니다. 정서적인 부분이라고 한다면 이해가 더 쉬울까요? 영어로 'emotion'의 의미로 본다면 더 이해하기 좋을 것 같습니다. 맨 아래에는 가장 심층적인 부분으로 우리가 거의 인지할 수 없는 무의식(unconscious)의 단계로 놓았습니다. 스프레드 배열은 다음의 그림과 같습니다.

◎ 카드 1(의식): 상대가 나를 생각하는 의식
◎ 카드 2(마음-정서): 상대가 나를 느끼는 마음(정서)
◎ 카드 3(무의식): 상대가 무의식적으로 느끼는 나

연애 타로카드의 정석

1

2

3

마음 읽기 스프레드를 활용할 수 있는 질문은 다음과 같습니다.

Q: 현재 한 달째 썸을 타는 사람이 있습니다. 저에 대한 그 사람의 마음이 궁금합니다. 저를 어떻게 생각하고 있나요?

Q: 애인이 요즘은 예전 같지가 않아요. 현재 저에 대한 그 사람의 마음이 궁금합니다.

Q: 애인과 다투었습니다. 그 사람은 지금 이 상황에 대해서 저를 어떻게 생각하고 있을까요?

Q: 소개팅을 했습니다. 그 사람은 저를 어떻게 생각했을까요?

이처럼 상대의 마음이 궁금할 때 마음 읽기 스프레드를 사용합니다.

먼저 위와 같은 질문을 하면서 서플하고 펼쳐진 카드에서 첫 번째 카드를 선택하기 전에 "의식."이라고 말하고 뽑고, 그 카드는 맨 위에 놓습니다. 두 번째 카드를 선택하기 전에는 "마음."이라고 말하고 두 번째로 뽑은 카드는 그 아래에, 즉, 중간에 놓습니다. 세 번째 카드를 뽑기 전에는 "무의식."이라고 말하고 세 번째로 뽑은 카드는 가장 아래에 둡니다. 순서대로 펼쳐보면서 의식에서는 어떻게 생각하고, 마음에서는 어떻게 느끼고 있고, 그리고 그의 무의식에서 생각하는 내 모습은 어떤지를 해석하시면 됩니다.

이때 우리는 혼란이라는 단어를 염두에 두어야 합니다. 어떤 경우에는 남자친구가 조금 나쁜 남자여서 헤어져야 하는데, 또는 싸움이 너무 잦아서 서로 안 맞는 게 느껴지는 데도 잘 헤어지지 못하는 사람들이 있죠. 세 카드는 일치하는 것이 가장 좋은데 의식 카드는 긍정인데 마음의 카드가 부정일 경우도 있고, 무의식과 마음의 카드는 긍정이지만, 의식 카드는 부정일 때도 있습니다.

연애하면서 이런 말을 많이 하게 되죠? "이래야 하는 건 아는데, 잘 안 돼.", "내 마음은 이런데 마음대로 잘 안 돼." 우리는 살면서 이런 혼란을 겪을 때가 많습니다. 의식과 정서와 무의식 사이에서 뭔가 모순이 일어나고 있다는 것입니다. 그래서 결정을 내리기가 매우 어렵습니다. 위의 스프레드로 결과를 얻었다면 다음의 순서로 문제를 해결해 가시기 바랍니다.

① 가장 좋은 것은 의식과 마음, 무의식이 긍정인 것입니다. 이는 설명이 필요 없이 연애에서 완벽한 모습입니다.

② 다음은 의식과 마음은 긍정이고, 무의식이 부정인 것입니다. 무의식은 우리가 인지하지 못하는 것이기에 부정이 나왔다고 해서 걱정할 필요는 없습니다. 보통 이럴 경우 상대에 대해서 본능적인 부분, 이상적인 부분이 조금 멀기 때문에 일어날 수 있는 현상입니다. 쉽게 설명하면 외모나 성격 등이 꽤 많이 끌리지는 않는데 연애하기에는 조건이 좋은 경우가 이 경우에 해당한답니다. 굳이 나의 이상형은 아니지만, 의식적으로 생각해서 볼 때 나쁘지 않고, 조건도 좋은 경우에 이런 카드를 만날 수 있습니다. 연애에 있어서 나쁘지 않고 우리 대부분은 의식적으로 연애를 더 많이 하므로 괜찮은 조합입니다.

③ 의식은 긍정, 마음은 부정, 무의식은 부정일 경우는 굉장히 책임감이 강한 사람일 경우에 나올 수 있는 현상으로 마음이 매우 냉정하고 차갑거나 둔감한 사람이지만, 의식은 분명해 상대에 대한 책임감도 있는 사람입니다. 또는 상대에게 얻을 것이 많은 사람일 경우에 이런 카드가 결과로 나타납니다. 의식적으로 이 사람을 긍정적으로 생각하는 것이죠. 자, 이 세 번째 예시부터는 사귀는 사람이라면 고민을 한번 해 보시는 것이 좋습니다. 옛날에는 어른들이 책임감과 도덕성 의식으로 많은 관계를 유지할 수 있었지만, 요즘 시대에는 잘 맞지 않는 형태이며 이런 사람과 함께하는 연애는 행복과는 조금 거리가 있습니다. 두 사람이 일과 관련된 파트너라면 좋을 수도 있지만, 삶을 함께 장식할 사람이라면 고민을 해야겠

지요. 참고로 사귄 기간이 짧은 경우, 아직 마음이 열리지 않은 상태라고 보면 되니 카드의 결과에 너무 고민하지 않으셔도 됩니다. 자연스러운 현상이거든요.

④ 의식 부정, 마음 부정, 무의식 부정인 경우, 상대의 몸과 마음이 이미 멀리 떠났거나 떠날 준비가 다 되었다고 보시면 됩니다.

카드를 아직 잘 읽지 못하는 분들은 두 번째 카드 마음 부분을 중점으로 보세요. 이 카드가 무조건 긍정으로 나와야 행복한 연애가 가능하겠지요? 의식이나 무의식을 제쳐두고 일단 마음이 나에게 있어야 도전을 하든지, 생각을 좀 해 보든지 할 텐데, 마음이 나에게 부정이라면 이런 연애는 조금 물러나서 생각해 볼 필요가 있답니다. 참, 혹시 이런 분은 없으시겠죠? 지금 행복한 연애 중인데 재미로 이 스프레드를 했는데 남자의 마음이 부정 카드가 나왔다고 해서 남자친구를 달달 볶으실 분 말입니다. 이 스프레드는 재미로는 절대 하지 마세요. 지금 잘 지내는 남자친구, 여자친구에게 괜히 섭섭해질 수 있답니다. 꼭 필요하실 때 하시기를 권합니다. 행복한 연애를 하시는 분들은 타로카드는 일단 접어두시고 행복한 연애에 집중하세요.

2) 시간 스프레드(가로 three 카드 스프레드)
시간 스프레드는 과정을 볼 수 있는 스프레드입니다. 다시 말해서, 과거, 현재, 미래를 한 눈에 볼 수 있는 스프레드입니다. 어떠한 질문에 적합할까요?

Q: 저희가 요즘 계속 싸움이 잦습니다. 앞으로 저의 연애는 어떻게 될까요?

Q: 지금 애인의 마음이 저에게서 점점 멀어지는 것 같아요. 앞으로 어떻게 될까요? 다시 좋아질 수 있을까요?

Q: 현재 경제적인 상황이 힘들어서 연애도 어려운 상노입니나. 저 개인직으로 경제쩍인 상황이 좋아질까요?

Q: 애인이 요즘 몸이 좋지 않습니다. 보기에 안쓰럽네요. 마음이 아픕니다. 앞으로 애인의 건강이 어떻게 될까요? 다시 건강해질 수 있을까요?

서플을 하면서 이와 같이 자신이 궁금해하는 질문을 합니다. 서플 후 모든 카드를 부채꼴 모양으로 다 펼친 후 입으로는 "과거."라고 말하고 과거를 생각하며 한 장, 다음은 "현재."라고 말하고 현재를 생각하고 한 장, 그리고 마지막으로 "미래."라고 말하고 미래를 생각하면서 한 장을 뽑아서 다음과 같은 순서로 정렬해 놓습니다.

◎ 카드 1: 과거의 상황
◎ 카드 2: 현재의 상황
◎ 카드 3: 미래의 상황

선택된 카드의 결과를 확인합니다. 미래 모습의 결과가 결정에 가장 핵심적인 역할을 하겠지요? 미래의 모습이 긍정으로 나왔다면 희망이 보이는데 만일 어둡게 나왔다면 그에 맞는 적절한 마음의 준비, 또는 태도의 변화를 구상해야겠지요.

이때 미래의 모습이 부정적으로 나왔다면 카드를 다시 셔플하지 말고 현재 펼쳐진 카드 중에서 '어드바이스 카드' 한 장을 선택하세요. "미래의 모습을 밝게 변화시키려면 어떻게 해야 할까요?"라고 질문하면서요. 그리고 카드 속의 그림의 상징이 의미하는 것을 보고 자신이 어떻게 해야 하는지 참고하시면 도움이 되실 거예요. 어드바이스 카드 해석이 가장 힘든데, 다음 장에서 배울 카드의 해석으로 잘 이해가 안 된다면 카드를 잘 보시고 카드가 담고 있는 단어와 행동을 잘 관찰해서 답을 찾으시면 됩니다. 78장의 카드를 익힌다면 아마 충분히 해석하실 수 있을 것입니다. 또한, 우리는 사실 답을 알고 있지만 실행하지 않는 경우가 많습니다. 혹은 너무 여러 가지여서 한 가지를 선택하는 것을 미루는 경우가 많습니다. 그래서 어드바이스 카드를 뽑고 카드를 세심히 집중해서 들여다보면 자신의 내면에 닿게 되고, 거기서 분명 답을 찾아낼 수 있을 것입니다. 이처럼 타로카드는 나 자신의 내면과 가까이 닿을 수 있도록 인도하는 다리의 역할도 합니다.

참고해 주세요

여기서 "과거", "현재", "미래"를 말할 때는 너무 깊이 생각하지 않아도 됩니다. 아주 짧게 생각하셔도 되고, 입으로 말할 때 이미 우리는 과거, 현재, 미래와 접촉하기 때문에 말하고 난 뒤에 바로 선택하셔도 됩니다. 물론 신중하게 오래 생각하셔도 상관은 없지만 간혹 뽑지 못하고 한참을 생각하는 사람이 있는데 이는 신중함이라기보다는 뭔가 이 순간에 자신의 과거, 현재, 미래에 대한 불안이 있다는 하나의 암시입니다. 타로카드를 할 때는 모든 불안을 떨쳐버리고 하세요. 당신의 과거, 현재, 미래는 아무 문제가 없습니다.

연애 타로카드의 정석

3) 마운틴 스프레드: 궁합(mountain three 카드 스프레드)

궁합을 볼 수 있는 스프레드는 여러 가지가 있는데 Three 카드로 가장 단순한 스프레드를 소개해 드리겠습니다. 모양이 산 모양이어서 마운틴 스프레드라고 제가 이름을 지어 보았습니다. 즉, 상대와 내가 잘 맞는지 간단하게 보는 방법입니다. 이 방법은 아주 간단한 방법이며 실제로 신중하게 궁합을 볼 때는 더 복잡한 스프레드를 활용합니다. 이 방법은 두 사람 간의 에너지 흐름 또는 에너지의 농도(탁함과 맑음)가 어떠한지 볼 수 있다고 생각하시면 됩니다. 이 방법으로 구체적으로 보고 싶을 때는 질문 속에 성격, 생활 습관, 식습관, 잠자리 등을 구별해서 질문한 후 마운틴 모양으로 배열해 의미를 찾아보시기 바랍니다.

서플하면서 아래와 같은 질문을 하고 카드를 부채꼴 모양으로 펼쳐 놓습니다. 먼저 자신의 카드를 선택한 후에 가장 왼쪽에 둡니다. 두 번째로 상대방의 카드를 뽑고 가장 오른쪽에 배열합니다. 마지막으로 두 사람을 생각하고 카드를 선택한 후 첫 번째 카드와 두 번째 카드 중앙 위에 둡니다. 아래와 같이 배열시킨 후 카드를 펼쳐서 의미를 해석하시면 됩니다. 누구나 좋은 결과가 나타나기를 바라지요? 세 번째 카드로 긍정 카드가 나온다면 둘이 만났을 때 에너지의 조합이 좋다고 볼 수 있습니다. 그런데 신기하게도 나도 맑은 에너지이고 당신도 맑은 에너지의 사람이지만, 우리 둘이 만났을 때는 에너지가 변질될 수가 있습니다. 참 신기하지요. 맑은 것과 맑은 것이 만나면 당연히 맑은 것이 탄생할 것 같지만, 인연은 그렇지가 않습니다. 한쪽이 맑고, 한쪽이 탁한데 신기하게 둘이 조합되면 맑아지는 경우도 있습니다. 사람과 사람의 만남은 엄청나게 많은 요소가 합동해서 이루어지는 신비한 현상이기에 참으로 이해하기가 힘듭니다. 이러한 현상에 눈을 뜨면 연애에서 집착

이야말로 얼마나 부질없는 짓인지 절실하게 깨닫게 됩니다. 왜냐하면 그것으로 내가 얻을 수 있는 것은 아무것도 없기 때문이지요. 집착은 에너지를 탁하게 만들고 탁한 에너지를 느끼면 상대는 반드시 자신을 맑게 해 주는 쪽으로 흘러가게 되어 있기 때문입니다.

자, 다시 카드로 돌아가겠습니다.

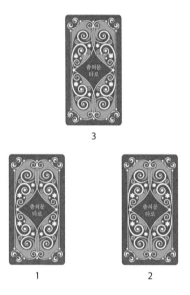

3

1

2

◎ 카드 1: 주인공
◎ 카드 2: 상대방
◎ 카드 3: 두 사람과의 융합적 모습, 질문에 대한 결과

Q: 그 사람과 저와 성격이 잘 맞나요(성격적인 부분)?

: 나를 생각하고 한 장(카드 1), 상대방을 생각하고 한 장(카드 2), "저희의 성격이 잘 맞나요?"라고 질문하고 한 장을 뽑아 두 카드 중간 위(카드 3)에 놓습니다. 그 사람과 나의 카드의 그림을 확인하고 결과를 확인하세요. 결과가 긍정의 카드라면 두 사람의

성격은 잘 맞겠지요? 만일 부정의 카드라면 성격이 잘 맞지 않는 것입니다. 그렇다면 "저희 둘이 성격 차이를 잘 견디기 위해서 저는 어떤 노력을 하면 좋을까요?"라고 질문하고 '어드바이스 카드' 한 장을 뽑아서 의미를 해석하시고 앞으로의 행동에 참고하시기 바랍니다.

Q: 그 사람과 저는 궁합적[1]으로 잘 맞나요?

: 나를 생각하고 한 장(카드 1), 상대방을 생각하고 한 장(카드 2), 두 사람을 생각하고 한 장을 뽑아서 두 카드 중간 위(카드 3)에 놓습니다. 카드 3번은 두 사람이 융합한 모습이니 긍정의 카드가 나왔다면 궁합이 좋은 것으로, 부정의 카드가 나왔다면 궁합이 나쁜 것으로 해석하시면 됩니다. 이때 각주 1에서 예를 든 것처럼 카드의 색깔을 유심히 보는 것도 하나의 힌트입니다. 다음 장에서 다루겠지만, 부정과 긍정으로는 해석되지 않는 차원의 의미라면 그럭저럭, 즉 'so so.'라고 생각하시면 됩니다. 마찬가지로 부정적인 결과를 얻으셨다면 '어드바이스 카드' 한 장을 뽑아서 두 사람의 관계에서 모자라는 부분, 극복해야 할 부분을 채우는 데 참고하시기 바랍니다.

Q: 남자친구와 처음으로 잠자리를 가졌습니다. 그 사람이 어떻게 느꼈을까요? 저희의 속궁합은 어떨까요?

: 성인용 질문이지만 많은 사람이 매우 궁금해하는 질문 중 하나입니다. 여러분도 궁금하지 않으신가요? 제가 알려드릴게요. 그 사람과의 잠자리를 가졌을 때의 내 모습을 생각하고 한 장(카드 1), 잠자리를 가졌을 때의 그 사람을 생각하고 한 장(카드 2), 두 사람을 함께 생각하고 한 장을 뽑아 두 카드 맨 위(카드 3)에 놓습니다. 자신과 상대방의 느낌을 확인하고 카드 3의 융합 카드를 확인해서 질문의 답을 찾으시면 됩니다.

---

1 '궁합적'이라는 것은 성격, 잠자리, 생활 습관, 생각 등 모든 것을 포함합니다. 광범위하게 느껴지겠지만, 실제로는 간단합니다. 즉, '나라는 에너지와 그라는 에너지가 만나서 어떤 색을 띠게 되는가?'입니다. 물감 놀이를 생각하시면 됩니다. 흰색과 검정이 만나면 검정, 빨간색과 파란색을 섞으면 보라, 빨간색과 노랑을 섞으면 주황, 파란색과 노란색을 섞으면 초록이 되는 것처럼 말이에요. 한 사람, 한 사람은 너무 소중하고 멋진 사람이지만, 둘이 합쳐졌을 때는 에너지가 다른 색이 되기 때문에 그 부분을 보는 것입니다. 타로카드는 에너지의 흐름을 잘 보여 주기 때문에 궁합에 관한 질문에도 중요한 정보를 제공해 줄 수 있답니다.

사실 이런 질문은 직접 상대방에게 물어보기도 곤란하고, 또한 상대에게 사실대로 말하기도 쉽지 않은 질문이지만 중요한 질문이기도 합니다. 그러나 그에 대한 결과는 너무 깊이 신경 쓰지 않으셔도 될 것입니다. 예를 들어서, 내 느낌은 좋았는데 상대의 느낌은 부정 카드가 나왔고, 둘의 궁합 카드도 부정으로 나왔다고 해서 속상해하지 마세요. 섹스의 느낌은 처음 느낌 그대로 쭉 가지 않고 변하게 되어 있습니다. 섹스는 연애에서 매우 중요한 부분이지만, 그것이 유일한 부분은 아니니 걱정하지 마세요.

4. Four(포) 카드 스프레드

Four 카드 스프레드는 양자택일하는 과정에서 조금 더 심화된 형태입니다. 즉, 두 가지 중에서 한 가지를 선택해야 할 때는 이전에 다룬 Two 카드로 볼 수 있는데요. 여기서 좀 더 자세히 상황을 보고 싶을 때 사용하시면 됩니다. 연습해 보고 이 방법이 어려우시다면 양자택일인 경우 Two 카드만으로 타로점을 보셔도 좋습니다. 스프레드 모양은 아래와 같습니다. 염두에 두어야 할 것은 카드를 왼쪽부터 순서대로 놓지 않는다는 점이니 잘 체크해 두시기 바랍니다. 왼쪽부터 카드 2, 카드 1, 카드 3, 카드 4의 순서입니다.

2   1   3   4

연애 타로카드의 정석

◎ 카드 1: A의 경우에서의 주인공
◎ 카드 2: A의 경우에서의 주인공의 미래 모습
◎ 카드 3: B의 경우에서의 주인공
◎ 카드 4: B의 경우에서의 주인공의 미래 모습

두 가지 중에서 한 가지를 선택해야 할 경우, 첫 번째 경우를 생각하고 한 장(카드 1), 첫 번째 경우의 미래 모습에 대해 질문하고 한 장(카드 2), 두 번째 경우를 생각하고 한 장(카드 3), 두 번째 경우를 선택했을 때 미래 모습에 대해 질문하고 한 장(카드 4)을 뽑습니다. 조금 복잡하지요? 질문과 함께 한 번 다루어 본다면 이해가 더 쉬워질 것입니다.

Q: 남자가 결혼을 서두릅니다. 그런데 저는 아직 확신이 없어요. 이 사람이 저를 행복하게 해 줄지 모르겠어요. 이 사람과 지금 결혼하는 게 좋을까요? 아니면 조금 미루는 것이 저에게 더 행복할까요?

: 그 사람과 결혼하는 나를 생각하고 한 장(카드 1), 나의 미래 모습 한 장(카드 2), 그 사람과 결혼하지 않는 나를 생각하고 한 장(카드 3), 결혼하지 않은 나의 미래 모습 한 장(카드 4)의 순서로 배열합니다. 카드 2번과 카드 4번의 미래 모습을 비교해 보시면 됩니다. 결혼 후 미래 모습이 더 좋게 나왔다면 결혼을 다시 잘 생각해 보시면 되겠지요? 그런데 결혼 후의 미래 모습이 결혼하지 않은 경우 나의 미래 모습보다 과하게 어둡게 나왔다면 어떤 문제가 있는지 잘 검토하신 후 결혼에 대해서 진지하게 생각해 보세요. 또한, 카드 1번과 3번이 자신의 카드인데 두 경우의 자신의 카드를 보고 자신도 알지 못했던 자신의 마음도 확인해 보셔서 결정에 참고하시면 되겠습니다.

Q: 남자친구와 싸웠습니다. 3일째 연락이 오지 않는데 다시 화해를 잘하려면 제가 먼저 하는 것이 좋을까요? 아니면 기다리는 것이 더 좋을까요?

: 먼저 연락하는 경우의 나(카드 1), 먼저 연락할 경우의 미래 모습(카드 2), 연락하지 않고 기다리는 경우의 나(카드 3), 기다리는 경우의 미래 모습(카드 4). 이렇게 네 장의 카드를 나열한 후 카드 2번과 4번을 함께 비교해서 좋은 모습이 보이는 카드가 있는

쪽으로 선택하시면 됩니다. 물론 카드에서 기다리는 것이 좋다고 나와도 기다리는 것이 지옥같이 느껴지는 분들은 당장에 연락하기도 하지요. 정말 연애에서의 기다림은 무엇으로도 표현하기 힘들 정도로 고통스럽지요. 어쨌든 모든 것은 자신의 선택이니 타로카드를 잘 참고하셔서 도움을 받으시면 되겠습니다. 화이팅하세요!

5. Five(파이브) 카드 스프레드

5장의 카드 스프레드 활용법은 두 가지를 소개해 보겠습니다. 한 가지는 우리가 때(when)가 궁금할 때 사용하기 좋고요, 또 다른 한 가지는 스프레드 이름이 진정한 사랑 찾기 스프레드입니다. 이름처럼 자신의 진정한 사랑을 찾기 위해 지금 현재 자신의 문제점과 해야 할 일을 알아보는 스프레드입니다. 이 스프레드를 통해 저는 연애하면서 반성도 하고 나에 대해서 많이 생각해 보기도 했으니 여러분에게도 분명 도움이 되리라 생각합니다.

1) when(언제) 스프레드

첫 번째 5장의 스프레드는 이럴 때 사용하세요. 언제, 즉 때를 알고 싶을 때입니다. 예를 들어, 애인과 다투었는데 내가 문자나 카카오톡으로 연락했지만 상대에게 연락이 오지 않는 경우가 있다고 가정합시다. 이때 답장이 올지, 안 올지 One 카드로 질문했는데 답이 'Yes'로 나오면 언제 올지 우리는 너무나 궁금해하게 됩니다. 이때 이 5장의 스프레드를 사용하세요. 사실 이때는 3장, 4장, 5장, 6장, 7장 다 사용 가능하지만 경우의 수가 너무 많으면 나의 판단도 흔들리니 이 '때'를 뽑을 때는 5장의 카드를 선택해서 결과의 혼돈을 단축해 보세요. 자, 다시 위의 질문을 이어 가면 "답장은 오는데 언제 올 것인가?"라고 다시 서플하면서 질문을 합니다. 그리고 부채꼴 모양으로 카드를 펼치고 한 장씩 뽑습니다. 그리고 왼쪽에서부터 오른쪽으로 차례대로 배열하세요. 예를 들어, 몇 번째 주인지 궁금하디면 첫 번째 카드를 뽑으면서 "첫째 주에 답장이 오나요?"라고 말하고, 두 번째 카드를 뽑으면서 "둘째 주에 답장이 오나요?"라고 말하고, 세 번째 카드를 뽑으면서 "셋째 주에 답장이 오나요?"라고 말하고, 네 번째 카드를 뽑으면서는 "넷째 주에 답장이 오나요?"라고 말하고, 다섯 번째 카드를 뽑으면서는 "넷째 주 이후에 답장이 오나요?"라고 말합니다.

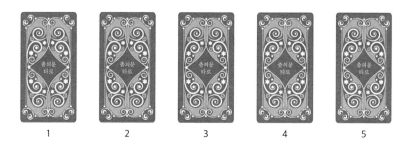

그럼 위의 그림처럼 배열이 됩니다. 몇 번째 주가 아니라 며칠인지 궁금할 때도 마찬가지이며, 몇 월인지 궁금할 때도 마찬가지의 방법으로 활용하시면 됩니다. 기간을 뽑을 때 5장이 좋은 이유는 3~4장은 모자란 느낌이고, 5장 이상은 너무 기간이 길어져 한 번의 셔플로 너무 긴 에너지를 사용하는 느낌이 들기 때문입니다. 만일 1월부터 12월까지가 궁금하면 한 셔플로 12개월을 모두 보는 것은 초보에게는 무리가 있겠지요. 다 뽑고 나서 그 흐름을 파악하기도 힘들 것입니다. 그래서 이럴 경우에는 한 셔플을 5장으로 나누어 5개월씩, 그리고 다음은 다시 한 번 셔플을 사용하는 식으로 초보자는 기간을 짧은 단위로 나누어서 해 보길 권해드립니다.

2) 진정한 사랑 찾기 스프레드

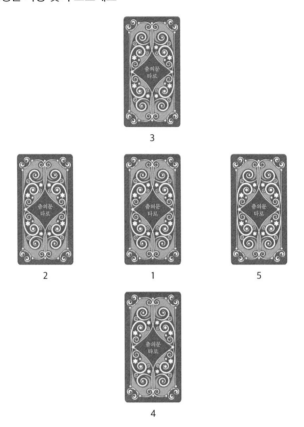

진정한 사랑 찾기 스프레드의 배열은 이렇습니다. 이 스프레드는 언제나 연애가 잘 안 된다고 생각하거나, 실패할 때마다 자신의 팔자를 한탄했던 분, 자신은 연애를 못 한다고 생각하고 있는 분, 앞으로 좀 더 다른 성숙한 사랑을 하고 싶은 분들에게 추천합니다. 실패한 연애를 돌아보며 나는 무엇이 문제였는지, 어떤 부분을 성숙하게 만들어야 하는지를 스스로 깨닫게 해 줍니다. 물론 연애는 혼자 하는 것이 아니라서 스스로가 변한다고 훌륭한 연애를 할 수 있는 것은 아니지만, 이 스

연애 타로카드의 정석

프레드는 자신에 대한 연애 명상이라고 생각하시면서 활용해 보시기 바랍니다.

Q: 어떻게 해야 저의 진정한 사랑을 찾을 수 있습니까?

◎ 카드 1: 현재 당신과 당신을 둘러싸고 있는 상황
◎ 카드 2: 당신의 연애에 영향을 미치는 행동의 패턴(즉, 반복되는 행동 패턴)
◎ 카드 3: 진정한 사랑을 찾기 위해 좀 더 성장시켜야 하는 영역
◎ 카드 4: 진정한 사랑을 찾기 위해 변화시켜야 하는 영역
◎ 카드 5: 당신의 삶 속에서 사랑을 받아들이기 위해서 좀 더 자유롭게 풀어주어야 할
  영역(자신에게서 해제되어야 할 억압)

자신의 진정한 사랑을 찾기 위한 서플을 합니다. 그리고 카드를 부채꼴 모양으로 펼쳐서 첫 번째 카드를 뽑기 전에 나 자신과 내 주변을 생각하면서 카드를 뽑아서 맨 중앙에 둡니다. 두 번째 카드를 뽑기 전에는 나의 지난 연애를 생각하며, 반복된 행동 패턴이 무엇이었는지 생각하며 카드를 뽑아서 카드 2 위치에 둡니다. 답을 생각할 필요는 없습니다. 답은 카드가 알려주니 나는 그저 지난 연애를 생각하면 됩니다. 세 번째 카드는 내가 성장시켜야 하는 영역이 무엇인지 질문하며 카드를 뽑고 카드 3 자리에 둡니다. 네 번째 카드는 내가 변화되어야 할 영역은 무엇인지 질문하고 카드를 뽑아 카드 4 자리에 둡니다. 다섯 번째 카드는 내 삶 속에서 사랑에 대해서 내가 억압하고 있었던 부분이 무엇인지 질문을 하고 카드를 뽑아서 카드 5 자리에 둡니다.

이 스프레드는 연애 중에 가끔 찾아오는 권태기 때 자신을 돌아보고 둘의 연애를 되돌아보며 하셔도 좋습니다. 이후에 등장하는 사례를 통해 더 자세히 다뤄보도록 하겠습니다.

6. Six(식스) 카드 스프레드

　제가 소개해드릴 Six 카드 스프레드는 재회 운에서 가장 유용하게 사용할 수 있는 두 가지 스프레드입니다. 하나는 말발굽 스프레드이고 하나는 역계단 스프레드입니다. 참고로 또 하나 덧붙인다면 이 스프레드는 삶의 전반적인 문제에 매우 도움이 되는 스프레드이자 제가 가장 사랑하는 스프레드입니다. 연애가 아니더라도 삶에서 힘든 문제가 발생했을 때 언제든지 사용할 수 있습니다. 이 말을 남기고 다시 연애 타로로 돌아가 보겠습니다.

1) 말발굽 스프레드

　이 스프레드는 제가 가장 많이 사용하는 일명 말밥굽 스프레드입니다. 배열 모양이 말발굽 모양이어서 붙여진 이름입니다. 말발굽 스프레드의 특징은 질문에 대한 답도 알 수 있지만, 부정적 결과가 나왔을 때 결과를 변화시킬 수 있는 해결 방법까지 알려준답니다.

　우리는 결과가 부정적으로 나오면 속상하고 기분이 안 좋아집니다. 그러나 우리의 미래는 우리의 생각과 행동에 따라서 변화시킬 수 있음을 알려주는 스프레드가 바로 말발굽 스프레드입니다. 모든 것은 결정되어 있다는 뉴턴의 고전역학에서 벗어나 우리의 삶은 결정되어 있지 않다는 양자물리학의 개념이 너무나도 와닿는 스프레드입니다. 우리의 행동과 선택으로 앞으로의 일을 변화시킬 수 있으니 희망을 가지세요. 즉, 부정적인 결과가 나왔을 때 카드가 제시해 주는 문제 해결 방법을 잘 따르신다면 분명히 결과를 변화시킬 수 있다는 뜻입니다.

　말발굽 스프레드는 거의 모든 질문에 활용이 가능하다고 보시면 됩니다. 단 'Yes'이냐, 'No'이냐를 묻는 질문에는 적절하지 않습니다. 말발굽 스프레드에 활용할 수 있는 질문은 너무 많기에 스프레드를 보면서 설명해 드리겠습니다. 이 스프레드는 개취 운을 볼 때 가장 좋은 스프레드입니다.

말발굽 스프레드는 앞의 형태로 배열합니다. 왼쪽 맨 아래부터 차례로 카드 1, 카드 2, 카드 3, 카드 4, 카드 5입니다. 그리고 가장 중앙에 있는 카드가 여섯 번째 카드, 즉 카드 6이 됩니다.

그럼 하나씩 살펴보겠습니다.

◎ 카드 1: 지금 질문을 한 사람의 마음(나: 주인공)
◎ 카드 2: 카드를 뽑는 사람이 궁금해하는 상대의 상태
◎ 카드 3: 흘러가는 상황, 즉 과정
◎ 카드 4: 질문의 답이 부정일 경우 방해하는 요인(결과가 긍정이면 해석할 필요 없음)
◎ 카드 5: 방해 요인을 해결하는 방법(결과가 긍정이면 해석할 필요 없음. 무조건 정방향 해석)
◎ 카드 6: 질문에 대한 답

카드들은 모두 위와 같은 의미를 담고 있습니다. 즉 서플하고 카드를 펼친 후 카드 1을 뽑을 때는 주인공이 나의 마음을 질문하고 뽑고, 카드 2는 상대의 마음이 어떠한지에 대해 질문하고 뽑습니다. 각각 카드를 선택하기 전에 모두 위의 내용에 해당하는 질문을 먼저 한 후 카드를 선택하시면 됩니다.

어때요? 이해하기 쉽지요? 처음에는 어려울지 모르지만, 자주 사용하다 보면 가장 편안한 스프레드가 될 것입니다.

2) 역계단 스프레드
여러분이 재회 운을 보실 때 말발굽 외에 가장 쉽게 활용할 수 있는 스프레드가 역계단 스프레드입니다. 배열된 모양이 계단 모양을 뒤집

연애 타로카드의 정석

어 놓은 모양과 비슷해서 제가 이름을 붙여 보았습니다. 배열 모양을
보면서 스프레드에 적용해 보시기 바랍니다.

역계단 스프레드는 위의 형태를 취하고 있고, 가장 위 왼쪽부터 카드
1, 카드 2, 카드 3이 되고, 그 아래에 왼쪽부터 카드 4, 카드 5, 마지막
가장 아래가 카드 6번입니다. 각각의 내용을 한번 보겠습니다.

◎ 카드 1: 두 사람의 과거 관계의 모습

◎ 카드 2: 두 사람의 현재 관계의 모습

◎ 카드 3: 두 사람의 미래 관계의 모습

◎ 카드 4: 나의 현재의 마음 상태

◎ 카드 5: 상대방의 현재 마음 상태

◎ 카드 6: 결론-재회할 수 있나요?

이 책에서는 연애에 초점을 두고 스프레드를 설명했기에 질문을 모두 연애 관련으로 한정 지어서 합니다. 그러나 여러분이 익숙해진다면 직장, 시험, 투자 등에도 모두 활용할 수 있는 스프레드이니 연습으로 익혀서서 실생활에서 많이 활용할 수 있길 바랍니다.

지금까지 너무 잘 따라와 주셨습니다. 한번 숨을 깊게 들이쉬고, 4초 정도 숨을 멈춘 후 입으로 조금씩, 아주 조금씩 내 몸으로 들이마신 공기를 밖으로 여행시켜 주세요. 천천히, 깊게, 가벼운 마음, 그리고 감사한 마음으로. 후우~

연애 타로카드의 정석

제4의
문

78장의 타로카드
의미 해석

"내가 클로이의 손을 잡고
그녀에게 아주 중요한 이야기가 있다고,
나는 너를 마시멜로 한다고 말하자,
그녀는 내 말을 완벽하게 이해하는 것 같았다.
그녀는 그것이 자기가 평생 들어 본 말 중
가장 달콤한 말이라고 대답했다.

그때부터 사랑은,
적어도 클로이와 나에게는,
이제 단순히 사랑이 아니었다.
그것은 입에서 맛있게 녹는,
지름 몇 밀리미터의
달콤하고 말캉말캉한 물체였다."

- 알랭 드 보통(Alain de Botton)

1. 상징의 이해

먼저 78장의 타로카드를 만나기 전에 상징에 대해서 몇 가지 설명해 드리겠습니다. 모든 타로카드에는 그림이 그려져 있습니다. 이 그림 속에 들어있는 그림들은 상징적인 의미를 가지고 있습니다. 그래서 타로카드의 그림들을 좀 더 쉽게 이해하기 위해서 먼저 타로카드에 등장하는 그림들의 상징을 여러분에게 소개하고자 합니다. 만일 상징을 모르고 타로카드를 만난다면 78장 속에 담긴 그림들을 이해하느라 피곤함을 느낄 수도 있습니다. 제가 그 피곤함을 조금이라도 감소시켜 드리기 위해서 노력해 보겠습니다.

상징은 사전적 의미로는 '추상적인 사실이나 생각, 느낌 따위를 대표성을 띤 기호나 구체적인 사물로 나타내는 일'입니다. 상징이라는 것은 어렵게 느껴질 수도 있지만, 우리는 이미 생활 속에서 수많은 상징을 만나고 있습니다. 상징은 의미를 담은 하나의 마크라고 생각하시면 됩니다. 쉽게 예를 들어서 여러분에게 설명해 드리겠습니다.

가장 쉽게 우리가 생활 속에서 만나는 상징은 바로 사랑입니다. 우리는 사랑을 표현할 때 하트 모양을 그립니다. 사랑한다는 표현으로 우리는 손가락으로 하트 모양을 만들어서 표현하기도 하고, 요즘에는 팔을 이용해 하트 모양을 나타내기도 하며, 직접 그림으로 하트 모양을 그리기도 합니다. 이 하트 모양을 보면 우리는 이 사람이 사랑을 표현하고 있다고 판단할 수 있습니다. 한편으로, 영화나 드라마에서 불운이 닥쳐올 것을 암시하는 상징으로 자주 등장하는 것은 그 나라에서 흉조로 여겨지는 새 등입니다. 우리나라에서는 까마귀이지요. 까마귀가 등장하면 우리는 불운이 올 것이라는 느낌이 듭니다. 여기서 까마귀는 불운을 나타내는 하나의 상징입니다. 꿈속에서 돼지를 보거나 용을 본다면 좋은 꿈으로 해석되는 것처럼, 이러한 것들은 하나의 상징성을 띠고 있습니다.

또 다른 예로, 우리의 제스처에도 상징이 가득합니다. 최고라는 표현을 말 대신 손으로 할 경우 우리는 대개 엄지손가락을 추켜세웁니다. 여기서 엄지손가락은 말을 하지 않아도 누구나 '잘했다.', '멋지다.', '좋다.', 즉 'Good'의 의미라고 알 수 있습니다. 여기서 세워진 엄지손가락은 '굿'의 상징입니다. 또한, 우리가 슬퍼서 눈물을 흘릴 때는 가슴을 안고 우는 모습을 상상할 수 있습니다. 이처럼 두 손으로 가슴을 안고 있는 모습은 기분이 좋지 않음을 암시하며 이 제스처는 하나의 상징성을 띠고 있습니다.

이처럼 상징은 어려운 것이 아닙니다. 매일 우리는 상징과 만나고 있습니다. 한 가지 더 추가한다면 '색'에도 상징이 있습니다. 우리가 순결을 나타낼 때 '흰색'을 떠올리는 것처럼 흰색은 '깨끗함', 순결 등을 상징하고 있죠. 결혼식을 생각하시면 되겠죠? 반대로 검은색은 그 반대의 의미를 상징하고 있습니다. 이것은 장례식장을 떠올리면 됩니다. 악마를 그릴 때 빨간색 또는 검정으로 표현하는 것처럼 색에도 상징적 의미가 있습니다. 이 색과 관련된 상징도 이해한다면 앞으로 만날 타로카드를 이해하는 데 많은 도움이 되실 것입니다. 한 가지 더 색과 관련된 상징에 대한 팁을 하나 드리자면, 타로카드에서는 노란색이 많이 등장합니다. 이 노란색은 타로카드에서 희망, 행운, 기쁨 등을 상징한다고 생각하시면 됩니다. 그래서 지금까지 타로카드를 한 번도 본 적이 없는 분이라 하더라도 그림에서 노란색이 많이 나타난다면 좋은 의미의 카드라는 것을 예측하실 수가 있겠지요(100%는 아닙니다)? 내 남자친구와의 미래에 노란색 타로카드가 보인다면 저절로 입가에 미소가 찾아올 거예요. 그리고 흰 기지 덧붙여서 포도와 같은 열매 그림들이 옷에 많이 그려서 있는 카드를 보시게 될 텐데요. 열매는 씨앗에서 자란 모습이기 때문에 성과나 부를 상징하고 있습니다. 당연히 열매가 많을수록 부가 넘치는 것으로 보면 카드의 의미가 여러분에게 좀 더 쉽게 다가올 것입니다.

여러분이 상징에 대해서 여기까지만 이해하셔도 이제부터 배우게 되는 타로카드를 이해하는 데 많은 도움이 되실 것입니다.

2. 타로카드의 의미를 이해하는 단계

자, 이제부터 여러분은 저와 타로카드를 만나게 됩니다. 너무 떨리시죠? 살면서 여러분이 타로카드를 만난 것은 큰 행운입니다. 저에게도 그랬듯이요. 이 타로카드 친구와 손을 잘 잡고 걸어간다면 여러분의 연애와 삶이 더욱 지혜로워질 것입니다.

먼저 타로카드를 쉽게 이해하는 방법을 제가 알려드리겠습니다. 먼저 여러분이 아셔야 할 것은 이 책을 통해서 타로 마스터들처럼 타로카드의 의미를 완전히 의미를 파악하실 필요는 없습니다. 기초적인 지식으로 시작해서 여러분이 원하는 만큼 더 연구하고 학습하시면 됩니다. 여러분이 그림 속의 모든 상징의 의미를 다 해석하시려고 한다면 78장의 카드를 배우신 후 실제로 해석하실 수 있는 카드는 절반 정도일 겁니다. 아니, 그보다 더 적을 수도 있습니다. 왜냐하면 각 카드에는 무수히 많은 상징이 숨어있기 때문입니다. 그래서 이 책을 통해서 여러분은 일차적인 의미만을 학습하는 데 주력하셔야 합니다. 그래야 더 빠르고 쉽게 타로카드를 이해하실 수 있습니다.

지금부터는 타로카드를 이해하는 단계를 알려드리겠습니다.

1) 첫 번째 단계

카드를 보는 순간 느끼는 느낌에 집중하십시오. 이 카드는 긍정인지, 부정인지를 파악하시면 됩니다. 무엇으로 그것이 가능한 것일까요? 바로 그림 속에 있는 상징을 통해서입니다. 무슨 말이냐고요? 여러분은 그림 속의 그림들을 보고 어떠한 느낌을 가지게 됩니다. 이러한 느낌은 주관적인 것과 객관적인 것이 있습니다. 그런데 이 중간에 간주관적인 것이 존재합니다. 즉, 울고 있는 한 여인의 그림을 보면 누구도 기쁨이라는 단어를 떠올리지 않습니다. 그림은 매우 주관적이지만, 타로카드가 느낌을 위주로 해석하는 것이 올바를 수 있는 것은 바로 이 간주관적인 것이 존재하기 때문입니다. 느낌이지만 누가 봐도 같은 느낌, 이것이 바로 간주관적인 것에 해당합니다. 자, 그러면 첫 번째 단계에서 누가 봐도 느낌이 좋은 카드가 있습니다. 그것은 긍정의 카드로 1번이라 분류하시면 됩니다. 그리고 누가 봐도 느낌이 좋지 않은 카드가 있습니다. 그것은 부정의 카드로 2번으로 분류해 놓으시면 됩니다. 그런데 몇 장의 카드는 느낌이 전혀 오지 않는 카드도 있습니다. 느낌이 결여된 카드입니다. 그 카드는 제가 어떻게 분류할지 알려드리겠습니다. 여러분은 3번의 카드로 분류해 놓으시기 바랍니다. 그렇게 분류하는 이유는 차차 배우겠지만, 다음과 같습니다. 우리가 이성 문제로 타로를 이용할 때는 질문하고 대답을 찾게 됩니다. 이때 우리에게 다가온 카드가 바로 결론의 카드인데 이렇게 분류할 수 있어야 카드를 보고 결과가 부정인지, 긍정인지, 또는 이것도 저것도 아닌 상황인지를 알 수 있습니다. 예를 들어, 우리가 소개팅을 했다고 생각해 볼까요? 소개팅을 했는데 상대가 무척 마음에 들었어요. 그리고 서로 전화번호도 주고받았습니다. 그런데 집에 오니 상대의 마음이 너무너무 궁금한 거예요. 그래서 타로카드를 펼쳐서 내가 상대의 마음을 본다고 상상해 봅시다. "상대는 나를 마음에 들어 하나요?"라는 질문을 하고 결과 카드를 뽑았습니다. 이때 1번 분류 카드가 나왔다면 당연히 상대도 나를 마음에 들어 하는 것이고, 2번으로 분류한 카드가 나왔다면 괴롭겠지만, 상대는 나를 마음에 들어 하지 않는 마음이 더 크다고 보면 되겠습니다. 3번으로 분류한 카드일 경우 아직 이렇다 할 느낌을 나에게서 받지 못했다고 보면 됩니다. 3번의 카드가 중요한 것은 우리 세상사는 극과 극만 존재하는 것이 아니고 항상 중간의 개념이 존재하기 때문입니다. 우리 연애의 상황도 항상 좋은 것, 나쁜 것만 있는 것이 아니기 때문에 여러분도 모든 질문에 'Yes' 혹은 'No'로 답을 얻을 수는 없습니다. 긍정도 아닌, 그렇다고 부정도 아닌 카드가 답으로 나왔을 때는 어떤 행동도 하지 말고 잠시 쉬었다 가면서 자신을 한번 돌아보라는 의미로 보시면 타로카드를 정말 잘 활용하는 것입니다.

2) 두 번째 단계

각 카드마다 키워드가 달려서 나옵니다. 의미를 이해하실 때 도움이 되고자 만들어 놓은 키워드입니다. 그러나 이 키워드를 카드와 맞춰서 외우실 필요는 없습니다. 1 더하기 1은 2이다, 이런 식으로 수학 공식처럼 타로카드를 외우신다면 78장의 카드를 다 배우신 후 여러분은 혼란에 빠질 수가 있습니다. 왜냐하면 매우 비슷한 키워드가 많기 때문입니다. 그래서 두 번째로 자신의 느낌으로 먼저 1번, 2번, 3번으로 분류를 한 다음 그림 속에 무엇이 있는지 관찰합니다. 그림 속에는 여러 가지 사물이나 인물이 등장합니다. 이때 모든 사물이나 인물의 상징을 알 필요는 없습니다. 가장 두드러지게 나타나는 그림 속의 주인공, 이 주인공은 사물일 수도 있고, 인물일 수도 있겠죠? 그 주인공을 찾아냅니다. 그리고 어떤 스토리인지 스스로 그림의 내용을 만들어 봅니다. 카드를 보고 문장을 만들어 보기도 합니다. 여러분의 직관이 그것을 도울 것입니다. 타로카드를 손에 쥐었다면 여러분은 직관이라는 친구가 맘껏 뛰어다닐 수 있도록 허용해 주시면 됩니다. 직관이 당신에게 답을 가져다줄 것입니다.

3) 세 번째 단계

카드에게 담긴 키워드를 보시고 모든 키워드를 외우지 않고 자신의 스토리와 맞는 키워드를 염두에 두시면 됩니다. 아직 타로카드를 만나기 전이라 어떻게 하실지 모르시겠지요? 저와 함께 타로카드를 한 장씩 보면서 이 순서대로 한번 연습해 보겠습니다.

참, 여기서 굉장히 중요한 부분이 빠졌습니다. 바로 저희가 사용하는 카드는 정방향과 역방향을 모두 사용하는 카드입니다. 역방향은 보통 정방향의 반대 의미를 가지고 있는데요, 방향은 카드의 정방향을 위아래로 거꾸로 뒤집은 모습입니다. 즉, 아래의 것이 위로 가고, 위의 것이 아래로 내려오겠지요. 몇 장의 카드는 정방향보다 더 강한 의미 또는 거의 같은 의미로 해석되는 어려운 카드가 있습니다. 그런 카드가 나올 때는 제가 다시 한번 설명해드릴 겁니다. 나머지 카드는 정방향의 반대 의미로 해석된다고 보서도 무방합니다. 초보자에게는 이 정방향과 역

연애 타로카드의 정석

방향이 어려워 정방향만을 다루기도 하는데 그 결과가 완전히 다르게 나오기에 저는 조금 어렵더라도 역방향을 꼭 다루기를 추천합니다(공부하시다가 나는 도저히 힘들다는 분들은 모든 카드를 원래 방향, 즉 정방향대로만 놓고 서플하시고 선택하시면 됩니다).

정리하자면 다음과 같습니다.

① 첫 번째 카드를 보자마자 느껴지는 자신의 느낌에 집중해서 긍정의 카드는 1번, 부정의 카드는 2번, 느낌을 잘 모르는 카드는 3번으로 분류합니다.
② 두 번째로 카드 속에 그려져 있는 가장 두드러진 형태를 찾아내어 자신만의 스토리를 만들어서 스토리에 등장하는 키워드를 만들어 냅니다.
③ 세 번째, 실제로 그 카드에 해당하는 키워드와 자신이 만든 키워드를 비교해서 의미를 파악하는 것입니다.

이 세 단계를 거치면 여러분은 매우 쉽게 타로카드를 익히게 될 것입니다. 연애 타로 마스터의 길이 곧 더 넓게 펼쳐질 것입니다. 주목해 주세요.

3. 의미 해석

의미 해석은 카드를 쉽고 빠르게 이해하기 위한 방법을 설명한 후 다시 정방향과 역방향에 따르는 키워드를 정리해 드리겠습니다. 이는 카드의 기본적인 의미에 관한 것입니다. 78장의 카드는 각각의 카드마다 나타내는 의미가 있습니다. 그 의미를 해석해서 우리는 우리의 질문의 답을 예측하게 됩니다. 어렵지 않고 외울 필요도 없으니 너무 걱정하지 마세요. 집중해서 카드를 보면 카드의 그림이 우리에게 말을 걸어옵니다. 그 이야기에 귀를 기울이시면 됩니다. 많은 분이 정방향과 역방향이 어렵다고 생각합니다. 역방향은 두 가지 중 하나인데요. 정방향과 반대의 의미이거나, 정방향의 의미가 더 깊어지는 의미입니다. 후자의 경우가 매우 어려운데 그건 조금씩 연습하다 보면 충분히 이해할 수 있는 부분이니 헷갈리는 카드는 잘 체크해서 반복적으로 연습하시면 됩니다.

그리고 실제로 타로카드로 연애 운을 볼 때는 '어드바이스 카드'를 뽑게 되는데 이해가 어려울 때면 책을 펼쳐서 카드에 해당하는 정방향의 의미를 해석하시면 됩니다. 참고로 어드바이스 카드와 해결법 카드는 모두 정방향으로만 해석하니 정방향에서 나타내는 의미의 키워드를 마음에 간직해서 카드의 충고를 잘 받아들이시면 됩니다.

4. 타로카드 구성-메이저 아르카나 카드 22장, 마이너 아르카나 56장

78장의 카드는 메이저 아르카나 22장과 마이너 아르카나 56장의 카드로 이루어져 있습니다. 메이저 아르카나의 의미는 마이너 아르카나의 의미를 압축해서 드러내기에 그 힘이 더 강합니다. 마이너 아르카나는 4가지의 요소로 이루어져 있습니다. 컵(cup), 검(sword), 막대(wand), 펜타클(pentacle)입니다. 지금부터 78장의 카드를 메이저 아르카나 0번을 시작으로 해서 하나씩 다루어보겠습니다. 시작하기 전에 일러두고 싶은 것은 각각의 카드를 외우려고 하면 매우 재미가 없고 쉽게 포기하게 된다는 점입니다. 카드는 알기 쉬운 그림으로 되어 있으니 그림을 보고 동화를 읽는다는 생각으로 보시면 쉽게 이해하실 수 있을 거예요. 그리고 지금 여러분은 타로 마스터를 준비하는 단계가 아니라 나의 연애를 위해 공부하는 단계이니 마음 편하게 재미있는 78장의 동화를 읽는다는 마음으로 공부하시기를 바랍니다.

정방향과 역방향의 이해를 돕기 위해 정방향의 카드와 역방향의 카드를 모두 삽입해서 보여드립니다. 카드를 섞을 때는 위아래로 잘 섞으셔야 정방향과 역방향이 골고루 섞이며 카드를 뽑을 때도 정방향이 나왔다면 정방향 그대로, 역방향이 나왔다면 역방향 그대로 해석해야 합니다. 단 해결 방법이나 어드바이스는 모두 정방향으로 해석해 주세요. 이제 시작해 보겠습니다.

1) 메이저 아르카나 카드 22장(1~22)

1. 메이저 아르카나 0번-The fool(바보)

정방향   역방향

제일 먼저 메이저 카드 0번을 학습해 보겠습니다. 제복은 'The fool' 입니다.

① 첫 번째로 카드를 보며 자신의 느낌에 집중합니다. 1번에 놓을지, 2번에 놓을지, 3번에 놓을지를 먼저 체크합니다. 이 카드는 조금 어렵습니다. 노란색이 많이 차지하고 있기 때문에 긍정에 놓고 싶을 것입니다. 그러나 그림을 자세히 보면 주인공이 서 있는 곳이 아주 위험한 절벽 끝이지요. 그리고 옆의 강아지는 위험을 알리듯 주인공에게 짖고 있습니다. 이거 어떡하죠? 긍정의 의미인지, 부정의 의미인지 잘 모르겠네요. 이렇게 한 번에 느낌이 오지 않는 카드는 3번에 분류해 놓고, 고민하지 마시고 두 번째 단계로 넘어갑니다.

② 그림 속의 주인공을 찾습니다. 여러분도 그림을 보면서 저와 함께 스토리를 만들어 봅시다. 주인공은 하늘을 보고 기뻐하고 있고 어디론가 가고 있죠. 주머니를 들고 가는 것으로 보아 여행을 떠나는 중인 것 같습니다. 새로운 곳으로의 이동도 생각할 수 있겠군요. 표정은 매우 천진난만합니다. 그런데 자세히 봅시다. 분명히 기쁨이 있는데, 여기서 잠깐, 주인공이 어디에 있는지를 잘 살펴보아야 합니다. 지금 주인공은 절벽 끝에 있으며 한 발짝만 더 나아가면 떨어질 위험에 처해있습니다. 즉, 자신의 앞을 보지 못하고 즐거워만 하고 있죠? 이 카드의 제목이 떠오르는군요. 바로 '바보'입니다. 위험이 앞에 있다는 것이죠. 정방향에 부정과 긍정의 의미가 다 드러나고 있습니다. 여러분의 질문 결과로 이 카드가 나왔다면 아주 가까운 미래의 경우, 처음에 드러나는 자유롭고 여행을 떠나고 걱정이 없는 모습으로 해석하시지만, 이후에 다가올 미래는 분명한 위험이 있다는 스토리로 해석하시면 됩니다. 아휴~! 시작부터 어렵죠? 그러나 아직 포기는 이릅니다. 곧 점점 재미있어질 거예요.

자, 이제 1단계, 2단계 과정이 끝났습니다. 그럼 3단계 과정인 키워드를 보겠습니다.

③ 키워드는 위에서 우리가 짐작해 본 단어를 생각하시면 됩니다. 그림을 다시 보면 다음의 단어와 매우 잘 어울린다는 것을 알게 될 거예요. 새 출발, 자유, 엉뚱한, 천진난만함, 무계획 등입니다. 여기서 제가 말했듯이 지금 단계에서는 2단계에서 만든 스토

리에 맞는 키워드만을 안고 가시면 됩니다. 여기서 카드를 뒤집으면 역방향이 되고요. 그림 속의 불안 요소가 더 강해지는 해석을 하시면 되겠습니다. 절벽을 보면 힌트를 얻을 수 있겠지요. 엉뚱한 결정, 게으름, 방황, 불안한 등으로 해석하실 수 있습니다.

◎ 정방향: 새 출발, 자유, 엉뚱한, 천진난만함, 무계획
◎ 역방향: 엉뚱한 결정, 게으름, 방황, 불안한

2. 메이저 아르카나 1번-The magician(마법사)

| 정방향 | 역방향 |

다음은 메이저 카드 1번 'The magician' 카드입니다. 제목은 마법사입니다.

① 1단계를 시작합니다. 느낌을 1번, 2번, 3번으로 분류해보세요. 저와 같은 생각이 맞죠? 네. 이 카드는 1번 긍정의 카드로 분류해 놓겠습니다. 누가 봐도 나쁜 느낌의 물체는 보이지 않죠? 그리고 잠시 배웠던 기분 좋은 노란색이 배경으로 깔려있네요.

② 그럼 2단계로 넘어가 보겠습니다. 그림 속에 남자가 있고, 손에 봉을 쥐고 있고, 주변은 노란색이며, 빨간 옷을 입고 있습니다. 또 무엇이 보이시나요? 책상 위에는 컵, 펜

타클, 검, 막대기가 보이고, 꽃도 보입니다. 모든 상징을 알 수는 없시만 뭔가 님자는 자신이 가진 많은 요소 중에서 한 가지를 선택한 것 같습니다. 자신 있는 표정으로 한 손을 번쩍 들어 올렸습니다. 마법사가 자신의 마법을 부릴 준비가 완벽하게 된 것 같습니다.

③ 자, 3단계 키워드로 넘어가 보겠습니다. 여기서는 창작력, 상상력, 능숙한, 충만한 힘, 재능 등의 키워드가 있습니다. 이 키워드 중에서 여러분이 만들어낸 그림의 스토리에 잘 맞는지 확인합니다. 저는 준비된 시작, 충만한 힘, 이 단어가 제 스토리와 매우 맞는 것 같습니다. 역방향 의미는 속임수, 불안함, 지연되는 등의 의미가 있는데 이 남자의 행위의 반대 의미를 상상하시면 됩니다. 현재 자신 앞에 놓여있는 것 중에서 하나를 선택하지 못하는 남자의 모습, 그로 인한 시간의 지연과 마음의 불안 등을 생각하시면 이해하기 쉽겠죠?

◎ 정방향: 창작력, 상상력, 충만한 힘, 새로운 일의 시작, 재능, 강한 에너지
◎ 역방향: 속임수, 지연되는, 부족한 힘과 재능, 준비 없는 시작. 진행되지 못하는

3. 메이저 아르카나 2번-The high priestess(여사제)

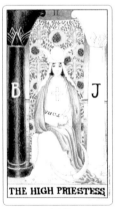

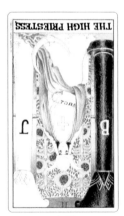

| 정방향 | 역방향 |

연애 타로카드의 정석

다음은 메이저 카드 2번 'The high priestess' 카드입니다. 즉, 여사제 카드입니다.

① 1단계 느낌이 어떤가요? 제가 강의한 경험상 이 그림은 한번에 판단하기가 어렵다고 하시는 분도 계셨어요. 그럴 때는 제목을 보면 됩니다. 여사제는 종교적으로 제례 의식을 맡아서 주관하는 사람입니다. 즉, 나쁜 사람이 아니라는 거죠. 그럼 1번으로 놓아야겠죠?

② 2단계로 들어가서 동화를 읽어봅시다. 그림 속에 무엇이 있습니다. 여사제가 있고, 검은 기둥과 흰 기둥이 있습니다. 포도송이도 보이고요. 여기까지 그림을 살펴보았습니다. 상징의 지식이 조금 필요한 카드이지요. 상징의 지식이 있어야 스토리가 풀리는 카드입니다. 색의 상징으로 봤을 때 검은 부분과 흰 부분이 양극에 있습니다. 그리고 여사제는 중심에 있습니다. 그러면 스토리가 뭔가 어두운 부분과 밝은 부분이 있고, 여사제가 중립을 지키고 있다는 스토리가 펼쳐집니다. 여기서 제가 설명을 덧붙이자면 검은 부분은 여기서 본능이나 유혹적인 부분을 상징하고 흰 기둥은 이성과 자제력을 의미합니다. 또한, 선과 악이라는 양극적 의미도 지니고 있습니다. 즉, 여사제는 이 두 사이를 적절히 조화시켜 절제하는 사람으로 생각할 수 있겠죠. 그리고 여자의 옷이 온몸을 휘감고 있는 모습이 보이시죠? 이는 속내를 드러내지 못하는 비밀스러움도 간직하고 있다는 것으로 스토리를 지어 봅시다. 여기까지 스토리를 만들고 키워드를 보겠습니다.

③ 키워드는 정신적 지주, 현명하고 공정한 판단, 조언을 얻다 등이 있습니다. 당연히 이 카드가 뒤집어지면 판단력이 흐려지겠고, 공정하지 못한 상황이 펼쳐짐을 예상할 수 있지요. 즉, 경험이 부족하고, 조언이 되지 못하는 참견 등의 키워드를 생각하시면 됩니다.

◎ 정방향: 정신적 지주, 현명하고 공정한 판단, 직관력, 정신적 유대감
◎ 역방향: 경험 없는 판단, 직관이 아닌 착각, 조언이 되지 못하는 참견, 가짜 지혜

정방향

역방향

다음은 메이저 카드 3번 'The empress' 카드입니다. 바로 여황제 카드입니다.

① 1단계 느낌은 어떻습니까? 이 카드를 보고 기분이 나빠지는 사람은 없겠죠? 자, 제목과 그림을 보았을 때 1번으로 분류하는 데 모두 동의하시지요? 1번으로 분류해 두고 다음 단계로 넘어가 보겠습니다.

② 그림 속에 무엇이 있는지 살펴보겠습니다. 먼저 여자분이 있습니다. 나무가 보이고요. 배경으로 노란색이 있고, 하트모양과 여성성을 나타내는 기호가 있습니다. 여자분의 옷에는 열매 같은 그림이 잔뜩 풍성하게 그려져 있고, 여자가 앉아있는 의자는 매우 포근한 느낌을 줍니다. 여기서 상징을 다시 한번 언급하자면 과일 그림이 그려져 있는 옷은 부를 상징합니다. 앞으로 카드를 보면서 참고하시면 스토리가 더 빨리 만들어질 거예요. 그리고 그림 속에 물, 나무도 보이죠? 주변 환경의 조건도 매우 좋아 보입니다. 자, 스토리를 만들어봅시다. 여자는 아주 부유해 보입니다. 머리 위에 쓴 관도 화려합니다. 하트모양과 여성성의 기호를 봤을 때 모성애라는 단어가 떠오르기도 하지요. 매우 여유로워 보이고, 우리가 이 카드의 주인공이 되어 저 폭신한 빨간 쿠션의 의자에 앉아 있다고 상상해 봅시다. 바로 이 카드의 의미가 다가오지 않나요? 이 정도만 보아도 이 그림의 스토리는 충분합니다. 이 스토리를 가지고 3단계

로 넘어가 보겠습니다.

③ 키워드는 모성애적인, 여성적인, 풍요로운, 성공 등입니다. 우리가 만든 스토리에 해당하는 키워드가 많네요. 키워드와 그림이 매우 연결된 카드입니다. 반대로 카드가 뒤집어지면 정방향의 반대로 생각해 봅시다. 모성애의 부재, 허세적인, 게으른, 여유가 없는 등등의 의미로 해석할 수 있겠습니다.

◎ 정방향: 모성애적인, 여성적인, 풍요로운, 성공, 결혼, 배려
◎ 역방향: 모성애의 부재, 허세적인, 게으른, 배려가 없는

5. 메이저 아르카나 4번-The emperor(황제)

정방향   역방향

다음은 메이저 카드 'The emperor' 카드입니다. 황제 카드입니다.

① 단어 그대로 황제와 왕, 여왕 카드는 모두 1번 카드로 분류한다고 생각하시면 됩니다. 깊이 들어가면 각각의 왕은 자신만의 개성을 가지고 있고 의미를 가지고 있지만, 이 책에서는 1차원적인 카드의 의미만을 다루기 때문에 왕, 여왕 카드가 나오면 모두 1번에 분류해 놓으신다면 보다 쉽게 타로카드를 익힐 수 있습니다.

② 2단계로 넘어가보겠습니다. 한 남자가 있습니다. 권위가 높아 보입니다. 왜냐하면 고급스러운 빨간 옷을 입고 있고 다소 딱딱해 보이지만, 멋진 의자에 앉아 있기 때문입니다. 철로 만든 듯한 신발을 신고 있는 것으로 보아 매우 냉철한 느낌이 듭니다.

③ 이 그림을 보고 3단계 키워드로 넘어가 보겠습니다. 권세, 권위, 권력, 정복, 강력한 힘. 그림 그대로 키워드가 알맞게 매치가 됩니다. 이런 카드는 금방 머릿속에 정리가 되지요. 카드가 뒤집히면 이러한 권력들이 떨어진다고 보면 됩니다. 허세, 권위의 추락, 가짜 명예 등으로 해석될 수 있습니다.

◎ 정방향: 권세, 권위, 권력, 명예를 지켜내는, 재물의 이익, 강력한 힘, 남성적인
◎ 역방향: 허세, 권위의 추락, 가짜 명예, 재물의 손실, 부족한 힘, 자신의 위치를 빼앗기는

6. 메이저 아르카나 5번-The hierophant(교황)

| 정방향 | 역방향 |

다음은 'The hierophant' 카드입니다. 교황(사제) 카드입니다. 점점 쉬워지지요. 제목만 보아도 분류가 가능하네요. 그래도 차례대로 해 보겠습니다.

　　　　　　　　　　　연애 타로카드의 정석

① 1단계, 카드를 본 순간 우리의 느낌은 1번이지요. 중요한 직책의 인물이 등장하는 카드는 모두 긍정으로 보시면 됩니다.

② 2단계 그림을 보겠습니다. 종교적인 직책을 가진 남자가 보이고, 두 사람이 그 사람 앞에서 이야기를 듣는 듯한 모습입니다. 이 카드의 주인공은 중앙에 계신 분이시겠죠? 누가 봐도 좋은 사람 같아 보입니다. 내가 이 두 사람 중의 하나라면 이 사람은 나에게 매우 중요한 사람이며 나에게 도움이 될 것 같습니다. 내가 만일 이 주인공 남자라면 누군가에게 도움이 되는 조언을 해 주고 싶을 것 같습니다.

③ 이 스토리를 가지고 3단계 키워드를 보겠습니다. 종교적인, 자비로운, 직감 등의 단어가 보입니다. 정신적인 지주, 인도적인 단어도 들어옵니다. 나의 스토리에 일치되는 키워드를 머릿속에 담아봅니다. 이 카드가 뒤집어지면 반대의 의미인 사이비, 속임수, 거짓말과 같은 단어를 찾을 수 있습니다.

◎ 정방향: 종교적인, 자비로운, 직감, 원칙과 규칙의 구속, 정신적인 지주, 인도적인, 체면
◎ 역방향: 사이비, 속임수, 거짓말, 원칙을 벗어남, 정신적인 이용

7. 메이저 아르카나 6번-The lover(연인)

정방향   역방향

다음 카드는 'The lover' 카드입니다.

① 우리 삶의 궁극적인 삶의 목표는 사랑이지 않습니까? 만일 우리가 타로 마스터가 되면 질문자가 던진 질문에 이 카드가 나왔다면 아무 설명도 필요 없이 정답은 'Yes'입니다. 제가 합격할 수 있습니까? 'Yes'. 제가 취직할 수 있습니까? 'Yes'. 제가 그 남자와 연인이 될 수 있습니까? 'Yes'. 보기만 해도 기분이 좋아지는 카드입니다. 당연히 1번으로 분류해 놓겠습니다.

② 2단계 그림을 보면 벌거벗은 남자가 보이고, 여자도 보입니다. 신과 같은 큰 존재라고 느껴지는 인물이 중앙에 있고, 그 인물 위로 노란색 해가 쨍쨍하게 보입니다. 나무도 보이고 뱀도 보입니다. 산도 보입니다. 이 두 남녀는 사랑에 빠질 것 같고, 신은 이 두 남녀를 축복하고 있는 것 같습니다. 더 이상의 스토리가 필요 없겠죠? 물론 보이는 사물마다 상징이 있지만, 우리는 욕심을 버리고 가장 두드러지게 보이는 그림에만 집중하겠습니다.

③ 이 스토리를 가지고 3단계 키워드를 열면 예상한 대로 연인, 사랑, 애정, 조화로움 등의 단어가 보입니다. 반대로 역방향이 되면 연인이 되지 못하는, 애정을 잃은, 낭만이 없는 등의 단어가 보이고 이 의미로 해석하시면 되겠습니다. 이 카드는 너무 쉬워서 너무 사랑스러운 카드입니다.

◎ 정방향: 연인, 사랑, 애정, 조화로움, 낭만, 신뢰, 결혼
◎ 역방향: 연인이 되지 못하는, 애정을 잃은, 낭만 없는, 속임수, 결혼할 수 없는, 불륜

연애 타로카드의 정석

 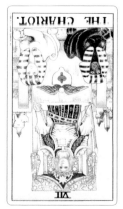

정방향   역방향

다음은 'The chariot' 카드입니다. 전차 카드입니다.

① 1단계 그림을 보고 난 느낌은 저는 매우 좋습니다. 여러분도 그러리라 생각합니다. 1
번으로 먼저 분류해 놓겠습니다.

② 그리고 2단계 그림으로 갑니다. 기사로 보이는 남자가 서 있고, 앞에는 말이 보입니
다. 흰말과 검은 말, 성도 보이고요. 날개 모양도 보입니다. 말이 보이는 것으로 보아
어딘가로 향하지 않을까 하는 상상을 할 수 있고, 무장한 기사를 봤을 때는 준비가
철저하게 된 듯한 느낌도 듭니다. 저와 함께 스토리를 짜 볼까요? 저는 지금 목표를
세웠고, 그 목표를 위해 말을 타고 전진할 것입니다. 내가 갈 곳은 저 멀리 보이는 성
이며 나는 곧 도착할 것입니다.

③ 이렇게 문장을 만들어서 스토리를 짠 다음 키워드를 열어보겠습니다. 자신의 스토리
와 맞는 키워드가 있습니까? 저는 있네요. 출발, 준비된 여행, 도전과 희망 등의 단어
가 저의 스토리와 일치합니다. 그림이 더 쉽게 자신에게 다가오지요? 자, 이 그림이
뒤집어진다면 당연히 출발하지 못하다, 준비 부족으로 출발이 지연되는, 도전하지 않
는 의미들이 나오겠지요. 자, 자신감을 가지고 다음 카드 여행을 계속해 보겠습니다.

9. 메이저 아르카나 8번-The strength(힘)

정방향   역방향

다음은 'The strength' 카드입니다. 힘 카드입니다.

① 1단계, 이 카드를 보고 기분이 나빠진 사람이 있진 않겠죠. 카드의 이름부터 긍정의
  힘을 팍팍 던지고 있는 것 같습니다. 그래서 이 카드는 1번으로 분류하겠습니다.

② 2단계 그림 속을 살펴보니 흰색 옷을 입은 여자가 사나워 보이는 사자의 입을 제어
  하고 있습니다. 그것도 아무런 무기도, 장갑도 없이 손만으로 말입니다. 여자분의 배
  경은 노란 면이 크게 차지하고 있습니다. 스토리를 만들면 이 사나운 사자가 거칠게
  소리를 지르고 있는데 아무도 이 사자 곁에 오지 못합니다. 모두가 무서워하죠. 그런
  데 갑자기 한 여자가 나타나서 사자를 맨손으로 제압합니다. 사자의 거칠었던 행동
  이 멈추고 조용해집니다. 카드에 보이는 그림만으로는 여기까지 스토리가 나오네요.

여자에게 어떤 힘이 있어서 저 사자의 거친 행동을 통제할 수 있을까요? 너무 대단한 것 같습니다. 그리고 굉장히 부럽기도 합니다.

③ 이 스토리를 가지고 3단계 문을 열면 키워드가 나옵니다. 힘과 용기, 무한한 재능, 열정과 도전, 일을 성사시키기에 충분한 능력 등의 키워드가 보입니다. 힘, 용기 등이 저의 스토리와 매우 일치하네요. 이 카드가 역방향이면 당연히 힘이 없어지겠지요? 무력함, 과도한 힘을 사용하다 등의 의미로 해석하시면 되겠습니다. 여기서 한 가지 제가 언급하고 싶은 것이 있습니다. 바로 여자의 머리 위에 보이는 그림의 상징입니다. 이 모양은 타로카드에서 여러 번 만나실 수 있습니다. 의미는 무한하다는 의미입니다. 한계는 없다는 뜻. 즉, 매우 강함을 나타내고 시간상으로 봤을 때는 끝나지 않는 시간을 의미하기도 합니다. 제 마음을 설레게 하는 상징이네요.

◎ 정방향: 힘과 용기, 무한한 재능, 열정과 도전, 일을 성사시키기에 충분한 능력
◎ 역방향: 무력함, 과도한 힘을 사용하다, 무능한, 능력 있는 척, 힘을 낭비하는

10. 메이저 아르카나 9번-The hermit(은둔자)

 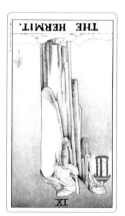

정방향   역방향

이 카드는 메이저 카드 9번 카드로 'The hermit' 카드입니다. 은둔자 카드입니다.

① 이 카드는 사실 1단계에서부터 고민이 됩니다. 좋은 느낌인지, 나쁜 느낌인지 감지하기가 쉽지 않지요. 남자만 봤을 때는 2번으로 분류하고 싶지만, 반짝이는 불빛으로 봤을 때는 1번으로 분류하고 싶기도 합니다. 판단이 잘 안 서기에 3번에 분류해 놓고 다음으로 넘어가 보겠습니다.

② 그림 속에는 어두운 망토를 입은 남자가 보이고, 손에는 등불을 들고 있습니다. 바닥은 흰색이고 차가워 보입니다. 막대기는 노란색을 띠고 있는 것으로 보아 뭔가 희망을 품은 막대기 같아 보입니다. 스토리를 만들어 보면 이 남자는 지금 상황이 좋지 않아서 산에 올라왔습니다. 추운 겨울 산에서 자신에 대해서 생각하고 아래에 있는 보이지 않는 것을 보기 위해 등불을 들고 있습니다. 남자는 당장 어떠한 행동을 할 수 없는 상황인 것 같습니다. 이 남자에게는 분명 어떠한 비밀스러운 사정이 있어 보입니다. 제 상상력으로는 이 정도의 스토리가 나오네요. 여러분의 스토리는 어떤가요? 자신의 스토리를 기억하고 3단계로 넘어가 보겠습니다.

③ 키워드는 은밀함, 비밀, 신중하게 행동하는, 확인 후의 행동 등의 키워드가 보입니다. 이제 키워드를 보고 1단계로 다시 돌아가 보겠습니다. 노란색 등불은 희망을 나타내는 것이 맞습니다. 그런데 우리는 일차적으로 시점을 봐야 합니다. 즉, 일차적인 시점으로는 희망은 보이지만, 지금은 이 남자는 힘들다는 것을 알 수 있습니다. 답을 당장은 내릴 수 없는 메시지를 담고 있습니다. 그러므로 3번으로 분류하여 시간을 더 두고 현명하게 판단하라는 메시지로 생각하면 되겠습니다. 이 카드가 나왔을 때 이해가 되지 않으면 이 카드가 나올 때마다 혼돈을 경험하게 됩니다. 그때 우리는 지금 이 순간을 기억하시면 됩니다. 희망이 보이지만 지금은 아니다. 즉, 지금 시점으로 해석하시면 됩니다. 이 카드가 역이면 비밀이 탄로 나는, 신중하지 못한 등의 의미로 해석하시면 됩니다.

> ◎ 정방향: 은밀함, 비밀, 신중하게 행동하는 조사, 확인 후의 행동, 겉으로 드러나지 않는, 걱정이 많은
> ◎ 역방향: 비밀이 탄로 나는, 신중하지 못한 행동과 말들, 걱정이 실제로 일어나는, 지식 부족

연애 타로카드의 정석

11. 메이저 아르카나 10번-The Wheel of fortune(운명)

정방향   역방향

이 카드는 메이저 카드 10번 카드, 'The wheel of fortune' 카드입니다. 운명의 수레바퀴입니다.

① 1단계에서 자신의 느낌을 찾습니다. 이 카드는 한 번에 느낌을 찾기가 힘들다는 분들이 많았습니다. 등장하는 물체들이 지상에서 만날 수 있는 것들과 거리가 있는 것이어서 그럴지도 모릅니다. 그러나 우리가 알지 못해도 수레바퀴가 중간에 있고, 스핑크스가 중앙에서 중심을 잡고 있으며 하늘에서만 만날 수 있는 듯한 동물들이 보인다는 사실은 확실합니다. 네 개의 방향에 각각의 요소들이 자리를 지키고 있고 뭔가 조화를 이루는 모습을 보이는 것으로 보아 1번으로 분류해 놓겠습니다.

② 2단계 그림들을 살펴보면 스핑크스가 보이고 천사 날개를 단 동물들이 사방에서 자리를 지키고 있으며 평화로워 보입니다. 빨간 여우(아누비스)가 눈에 띄기는 하지만 아래에서 존재하고 전체적인 스토리는 평화로운 이야기로 이끌어 갈 수 있을 것 같습니다. 카드에 등장하는 존재들의 상징을 모른다고 하더라도 중간에 있는 스핑크스만 보면 스핑크스가 수레바퀴, 즉 계속 반복해서 돌아가는 수레바퀴의 중간에서 중심을 잡아 주는 모습입니다. 스핑크스의 극에는 아누비스가 있네요. 아누비스는 죽음과 부활의 신으로 삶의 위험을 나타냅니다. 시간이 지날수록 스핑크스의 위치가 아래로 가고 아누비스가 이 카드의 중심에 오겠지요. 이 카드는 저에게 개인적으

로 의미가 있어서 좀 더 설명하자면, 마치 각 모서리에 있는 손재늘의 ㄱ역은 인간의 사계절을 의미하는 듯합니다. 우리는 살면서 우리 인생의 씨를 뿌리는 봄을 맞이하고, 열매를 맺는 여름을 맞이하며, 모든 성과를 거둬들이는 가을을 맞이합니다. 그리고 결국 봄을 기다려야 하는 힘들고 추운 겨울을 지납니다. 스핑크스가 중심에 있을 때는 우리는 아마 여름과 가을을 맞이할 때이고, 수레바퀴가 돌아가 아누비스가 중심에 있을 때는 바로 겨울과 봄의 사이에서 힘들어할 때일 것입니다. 우리 인생의 모습을 그대로 보여 주는 카드라고 생각합니다. 즉, 이 카드에서 배우고 싶고 여러분에게 소개하고 싶은 것은 우리 모두는 순환을 하는 삶 속에 있다는 것입니다. 봄이 좋다고 계속해서 봄에서 살 수는 없고, 겨울이 싫다고 우리가 옮겨 갈 수는 없는 것 같습니다. 우리 모두 봄, 여름, 가을, 겨울을 겪게 되니 아무리 힘든 시기가 있어도 이 삶의 순환을 잘 타고 간다면 또다시 봄은 오고, 태양은 나를 비춘다는 생각을 깊이 하게 만드는 카드입니다. 개인적으로 이 카드는 보고 명상을 할 때 눈물이 많이 나는 카드입니다.

③ 이제 키워드를 살펴보면, 키워드는 운명의 흐름, 자신이 해온 것이 이제 결과로 드러나게 된다, 운명적인 등의 단어들이 눈에 띕니다. 제목 그대로 운명을 나타내고 자연스러운 흐름을 나타낸다고 보시면 되겠습니다. 역으로 이 카드가 뒤집힌다면 나쁜 운명, 진행되지 않는, 흐름이 멈추다 등의 키워드를 가지고 가시면 되겠습니다. 만일 우리가 타로카드로 점을 본다면 이 카드가 질문의 결과로 나왔을 때는 긍정의 의미이겠지요? 예를 들어, "제가 취직 시험에 합격할 수 있습니까?"라고 물은 후 답을 얻었을 때 이 카드가 결과로 나온다면 답은 'Yes'라고 보시면 됩니다. 반대로 역방향이 나왔다면 'No'라고 보시면 됩니다. 정방향은 스핑크스를 생각하시고 역방향은 아누비스를 생각하시면 너무도 쉬운 카드입니다. 또는 정방향은 봄, 역방향은 겨울을 생각하시면 너무 쉽게 해석이 될 것 같습니다.

◎ 정방향: 운명의 흐름, 자신이 해온 것이 이제 결과로 드러남, 운명적인

◎ 역방향: 나쁜 운명, 자신의 입장을 거스르다, 진행되지 않는, 흐름이 멈추다, 해온 것에 나쁜 결과가 나타난다

정방향

역방향

다음은 메이저 카드 11번 'Justice' 카드입니다. 정의 카드입니다.

① 품위가 있고 권위가 있어 보이는 분이 등장했습니다. 바로 1번으로 분류하겠습니다.

② 2단계 그림을 보고 스토리를 만든다면 빨간 옷을 입은 남자가 관을 쓰고 있고, 의상과 관으로 보았을 때 직위가 있는 분인 것 같습니다. 한 손에 칼을 번쩍 들고 있는 것으로 보아 뭔가 결단을 내린 듯한 단호함이 보이고요, 한 손에는 저울을 들고 있는데 저울이 한쪽으로 치우치지 않은 것으로 보아 균형이 이루어지고 있음을 알 수 있습니다. 문장으로 한번 만들어 본다면 나는 균형에 맞추어 이 일에 대해 결단을 내린다. 스토리 대신 이런 문장을 만들 수 있겠지요?

③ 자신이 만든 문장을 가지고 3단계의 문을 열어보겠습니다. 정의로움, 공정한 판단, 결정, 단호한 등의 키워드가 저의 문장과 일치합니다. 반대로 이 카드가 역으로 뒤집어지면 오판, 불공정, 균형을 잃은 등의 키워드를 안고 갈 수 있습니다.

13. 메이저 아르카나 12번-The hanged man(매달린 사람)

| 정방향 | 역방향 |

다음 카드는 메이저 카드 12번 'The hanged man' 카드입니다. 매달린 남자 카드입니다.

① 1단계부터 조금 어려운 카드입니다. 왜냐하면 남자는 매달려있고, 우리의 인식에 따르면 매달린 모습은 힘든 모습으로 여길 수 있기 때문입니다. 그러나 괴로워하지 않는 남자 표정과 남자 머리 뒤로 보이는 노란 후광을 봤을 때 완전히 어두운 카드는 아닐 거라 예상할 수 있습니다. 이럴 때는 바로 1차원적인 느낌에 집중합니다. 바로 매달려 있다는 사실입니다. 그것은 희망이 있을지라도 지금 이 시점에서는 힘들거나 기다려야 할 때라는 의미입니다. 그래서 우리는 이 카드를 2번에 분류해 놓겠습니다.

② 나무에 한 남자가 매달려 있습니다. 뭔가 힘듦을 견디어 내는 모습을 보이고 남자의

배경에서 노란색의 후광이 보이는 것으로 보아 희망도 엿볼 수 있습니다. 언젠가 나무에서 다리를 푼다면 이 남자의 미래는 밝을 것 같습니다. 우리는 힘들 때는 잠시 지금의 순간을 멈추고 마음을 비우고 마음수련을 합니다. 우리가 살면서 아무리 발버둥 쳐도 안 되는 시기를 만날 때가 있습니다. 그러한 시기에는 무엇을 하려고 하기보다는 모든 욕망을 잠재우고 지금의 어려운 시간이 지나가기를 기다리는 것이 더 좋습니다. 바로 그 순간을 상상하시면 됩니다. 우리 자신이 이 남자의 상황이라 상상하시면 매우 이해하기 쉬울 것 같습니다. 이렇게 그림을 살핀 후 3단계로 넘어가 보겠습니다.

③ 인내, 수련, 내적인 힘을 키우는 시기, 희생과 변화라는 키워드가 그림과 적절하게 조화를 이룹니다. 이 카드가 뒤집히면 정방향의 남자와 다르게 몸이 똑바로 서 있게 됩니다. 정방향보다 좀 더 편안해 보이지요? 이제 힘든 시기가 끝나는 인내의 시기가 끝난다는 키워드를 생각하시면 되겠습니다. 또 한편으로는 정방향의 키워드와 반대로 인내력의 부족, 참지 못한다는 의미도 있습니다. 연애 운을 볼 때 이 카드가 결론으로 나왔다면 섣불리 행동하거나 결정하기보다는 시간이 좀 더 지나고 난 뒤에 결정하는 것이 현명하겠지요?

◎ 정방향: 인내, 수련, 어쩔 수 없이 묶인 채 시기를 기다리는, 내적인 힘을 키우는 시기, 희생과 변화
◎ 역방향: 인내력의 부족, 참지 못한, 인내의 시기가 끝나다, 수련을 마치지 못하는, 내적인 힘을 키우지 못한

정방향   역방향

다음 카드는 13번 'Death' 카드입니다. 말 그대로 죽음 카드입니다.

① 그림을 펼치는 순간 1단계에서 이미 2번으로 분류가 될 수 있겠지요? 그림을 보면 어
두움이 우리의 감각을 자극합니다. 실제로 이 카드 자체가 죽음이라는 부정만을 나
타내는 것은 아닙니다. 오른쪽을 보시면 아주 작은 부분이지만 태양이 있죠. 곧 죽음
은 새로운 것으로의 시작이며 부활을 상징하기도 합니다. 쉽게 말하면 지금 우리의
상황에서 죽음의 카드가 나왔다면 이는 곧 지금은 모든 것을 잃었지만 이 잃음으로
인해 새로운 것을 만나게 되는 기회를 얻게 됩니다. 즉, 그것과는 안녕이지만 또다시
새로운 것과 다시 안녕할 수 있다는 것이지요. 이해되시지요? 그래도 이 카드가 가
장 크게 담고 있는 상징은 죽음이며 끝이기에 우리가 점괘를 해석하기 위해서는 분
류가 필요하니 2번 부정의 카드로 분류하겠습니다.

② 그럼 2단계로 넘어가 보겠습니다. 해골 얼굴을 한 기사가 보이고, 어두운 깃발을 들
고 있습니다. 마치 저승사자와 같은 모습이지 않습니까? 바닥에는 죽은 듯한 사람들
이 있고, 노란 옷을 입은 남자도 보입니다. 저 멀리 해가 아주 미세하게 보이지만 왠
지 카드는 암울합니다.

③ 그림 속을 본 후 3단계를 열면 죽음, 부활, 새로 태어나기 위한 죽음의 과정이라는 키

워드가 쉽게 눈에 들어옵니다. 이 카드가 뒤집어지면 불길한 일을 피하지 못하는, 변화하지 못하는 등의 키워드를 선택하시면 됩니다. 우리가 점을 볼 때 이 카드가 나온다면 결과로 나왔을 때 희망이 없진 않지만 1차원적인 질문에 대한 답이기 때문에 답은 'NO'라고 생각하시면 됩니다. 그러나 이 카드는 그 죽음과 끝으로 인해 새로운 시작과 희망이 있다는 것도 암시하고 있음을 기억해야 합니다.

◎ 정방향: 죽음, 부활, 새로 태어나기 위한 죽음의 과정, 관계의 정리, 금전의 포기, 새롭게 되기 위해 자신의 과거를 끊다

◎ 역방향: 불길한 일을 피하지 못하는, 변화하지 못하는, 정체되어 움직이지 못하는, 부정적인 변화, 포기

---

15. 메이저 아르카나 14번-Temperance(절제)

| 정방향 | 역방향 |

다음은 14번 'Temperance' 카드입니다. 절제 카드입니다.

① 이 카드의 첫인상도 한번에 알 수 있을 정도로 쉽지는 않습니다. 그러나 나쁜 의미를 지닌 상징 요소가 눈에 보이지 않습니다. 주변의 꽃과 싱싱한 풀, 주인공 머리 주변으로 반짝이는 후광 등은 1번으로 분류하기에 충분한 요소입니다.

② 큰 날개를 단 천사와 같은 존재가 두 컵에 물을 따르고 있고, 바닥에는 물이 보이며, 한 발은 물속에, 한 발은 땅 위에 있는 것으로 보아 물과 땅의 느낌을 고루 느끼고 있을 것 같습니다. 땅이 우리의 의식이라면 물은 우리의 무의식을 상징할 수도 있겠죠? 이것들이 적절하게 조화를 이룬다고 생각해 보면 어떨까요? 멀리서 주변을 환하게 비추는 태양이 보이고, 노란 꽃도 보입니다. 이처럼 해는 희망적이고, 밝은 에너지를 우리에게 전달하는 상징입니다.

③ 이렇게 우리의 상상력을 키워보고 3단계의 문을 열어보겠습니다. 조절, 절제, 절약, 조화로움 등의 키워드가 우리가 그림을 살펴볼 때 나왔던 단어들과 맞아떨어집니다. 쉽게 이해할 수 있겠죠? 반대로 이 카드가 역방향이 되면 조절의 실패, 절제하지 못하는, 조화가 깨진 등의 키워드를 생각하면 되겠습니다.

◎ 정방향: 조절, 절제, 절약, 조화로움, 합의와 조율, 협상
◎ 역방향: 조절의 실패, 절제하지 못하는, 조화가 깨진, 불균형, 협상의 결렬

16. 메이저 아르카나 15번-The devil(악마)

정방향

역방향

다음 카드는 15번 'The devil' 카드입니다. 악마 카드입니다.

① 이름만 듣고도 매우 두려운 카드입니다. 바로 2번으로 분류하면 되겠습니다.

② 그림들을 살펴보겠습니다. 제목만 보아도 겁이 나는데요. 벌거벗은 두 남녀가 보이고, 둘의 목은 쇠사슬로 연설뇌어 있습니다. 중앙에 있는 악마의 대장과 같은 존재가 이 둘을 감시하는 듯한 모습입니다. 뭔가 우리가 알지 못하는 것들에 이 두 남녀는 벗어날 수 없이 묶여있는 듯합니다. 3단계로 넘어가기 전에 이 카드와 그림의 구조가 매우 비슷한 카드가 떠오르지요? 바로 연인 카드입니다. 삼각형의 그림의 구조가 같지만 느낌은 완전히 다릅니다. 그럼 의미도 반대이겠지요?

③ 3단계 키워드 상자를 열어보겠습니다. 속박되는, 섹스, 마약, 중독, 유혹 등의 키워드가 선명하게 들어옵니다. 이 카드가 역으로 가면 악마에게서 벗어남, 위험한 성, 저주에서 벗어남 등의 키워드가 보이는데요, 뭔가 긍정의 의미가 될 것도 같고, 그대로 부정의 의미도 있습니다. 즉, 이 카드의 역방향은 그 힘든 상황에서 벗어난다는 의미도 있지만, 그 상황이 걷잡을 수 없을 정도로 깊어진다는 의미도 있습니다. 이럴 때는 도대체 어떻게 해석해야 하는지 의문이 들겠지요. 타로카드 해석이 쉽지 않은 것은 바로 이러한 카드 때문입니다. 그 양극의 의미 중에 무엇이 맞는지 알 수 없어 답답할 때가 많습니다. 이때 타로카드를 쥔 사람의 힘이 여기서 발휘됩니다. 바로 우리의 직관을 이용해야 합니다. 그 순간의 직관이 주는 답을 선택하시면 됩니다. 타로카드를 자주 이용하게 되거나, 타로카드 공부가 깊어질수록 이 직관이 실제로 이러한 키워드보다 더 중요하다는 것을 깨닫게 된답니다. 지금은 초보자들을 위한 공부이니 직관에 대해서는 이 정도만 언급하겠습니다. 기억하고 있어야 할 것은 양극의 의미를 모두 가진 카드가 나왔을 때는 당신의 직관에게 물어야 한다는 것입니다. 당신의 직관을 믿으세요. 그 정확함에 당신은 놀라게 될 것입니다.

◎ 정방향: 속박되는, 섹스, 마약, 중독, 뒷거래, 기존의 가치관을 벗어난 행위, 악마, 유혹, 저주

◎ 역방향: 악마에게서 벗어남, 위험한 섹스, 뒷거래를 들킴, 중독 현상으로부터 벗어남, 속박의 풀림, 저주에서 벗어남

정방향   역방향

다음 카드는 16번 'The tower' 카드입니다. 탑 카드입니다.

① 쉽게 우리는 2번으로 분류할 수 있습니다. 사람들이 높은 곳에서 괴로워하며 떨어지는 모습에 즐거움이 떠오르지는 않을 것입니다.

② 이제 그림을 보겠습니다. 큰 성이 보이고 성의 창문으로 많은 것들이 떨어져 나오고 있습니다. 사람도, 왕관도, 그 외의 여러 가지가 밖으로 떨어져 나오고 있습니다. 성을 보면 아랫부분 또한 뭔가 무너질 듯한 불안감도 느낄 수가 있습니다. 저는 이 카드를 처음 보았을 때 한 마디가 튀어나왔는데요, 바로 "망했다."입니다. 그림을 보면 뭔가 모든 게 무너진 느낌이 나지요?

③ 그럼 3단계로 들어가 볼까요? 갑작스러운 변화, 관계의 결별, 파산과 사건·사고라는 키워드가 저의 느낌과 맞아떨어집니다. 이 카드가 뒤집히면 사건이나 사고에서 벗어나지 못하는, 변화하지 못하는, 불행함을 느끼는 등 정방향, 역방향 모두 부정적인 의미로 보시면 됩니다.

◎ 정방향: 갑작스러운 변화, 직장을 옮기거나 삶의 터전이 크게 변화하는, 관계의 결
별, 파산과 사건·사고

◎ 역방향: 사건이나 사고에서 벗어나지 못하는, 변화하지 못하는, 단지 분행함을 느낀
다. 변화에 따른 고통에서 벗어나지 못한다

18. 메이저 아르카나 17번-The star(별)

정방향　　　　　　　　　　역방향

다음 카드는 17번 'The star' 카드입니다. 별 카드입니다.

① 1단계에서 바로 1번으로 분류하겠습니다. <반짝반짝 작은 별>이라는 동요가 떠오르
지 않습니까? 별이 빛나면 뭔가 기분이 좋아지지요? 이 느낌을 안고 2단계로 가서 그
림을 보겠습니다.

② 노란색의 큰 별이 중앙에서 반짝거리고, 주변에는 작은 별들이 또 반짝거립니다. 남
자는 항아리에 물을 흘려보내고 있고, 한 손은 땅 위에, 한 손은 호수에 물을 흘려보
냅니다. 땅과 물은 각각 다른 세상인데 남자는 두 곳에 골고루 물을 뿌려줍니다. 이
물들이 서로 연결되어 함께 흐르는 것도 보입니다. 서로 원활하게 소통이 이루어짐
을 상상할 수가 있는데요. 저는 이 물이 흘러 좋은 일이 있을 듯한 느낌이 듭니다.

③ 3단계 키워드 상자를 여니 희망과 포부, 믿음, 즐거움 등의 단어가 저의 느낌과 일치합니다. 예술, 창작적인 키워드도 무시할 수 없습니다. 물이 많이 흐르고 별들이 많이 보이는 것으로 보아 감정의 흐름이 활발해 보이기에 예술적이고 감성적인, 상상력이 느껴지는 카드입니다. 반대로 카드가 뒤집히면 꿈으로 끝날 희망, 현실적인 생각들, 현실을 보고 싶지 않은 등의 키워드를 상기하시면 되겠습니다.

한 가지 더 설명하자면 물은 우리의 다른 세상, 즉 의식하지 못하는 무의식의 세계를 의미합니다. 또한 정서를 상징합니다. 무의식과 감정이 드러나는 분야는 예술과 철학 등의 영역입니다. 이제부터 이 부분까지 고려해서 카드를 본다면 의미 해석은 더욱더 쉬워질 것입니다.

◎ 정방향: 희망과 포부, 창작적인, 예술, 믿음, 낙천적인 사고방식, 즐거움, 현실적이지 못한 사랑

◎ 역방향: 꿈으로 끝날 희망, 현실적인 생각들, 비관적인 생각들, 염세주의, 현실을 보고 싶지 않은

---

19. 메이저 아르카나 18번-The moon(달)

| 정방향 | 역방향 |

다음 카드는 18번 'The moon' 카드입니다.

연애 타로카드의 정석

① 1단계에서 뭔가 알 수 없는 느낌이 드는 것이 노란 해가 있는 것으로 보아 1번으로 분류하고 싶지만, 해의 표정이 진지하게 눈을 감고 있고, 아래에 개들이 짖고 있는 모습 때문에 어떤 일이 터질 것만 같은 느낌이 듭니다. 그래서 2번으로 분류하겠습니다. 이 분류가 맞는지 2단계에서 한번 확인해 보겠습니다.

② 달이 보입니다. 그러나 달은 마치 지친 듯이 눈과 귀를 다 막고 있습니다. 물에서 가재가 기어 올라오고 있고, 개들은 해에게 무언가를 알리고 싶은 듯이 계속 짖어대고 있습니다. 위험을 알려주는 것인지, 손님이 옴을 알려주는 것인지는 모르지만, 전체적인 느낌으로 볼 때 좋은 소식은 아닌 듯합니다. 물은 정서와 무의식을 나타낸다고 이미 언급했기에 그 부분을 좀 더 들여다보면, 무의식에서 스멀스멀 어떤 욕구인지, 꿈인지 모를 무언가가 자신의 모습을 드러내려고 하고 있습니다. 무엇인지는 확실하지가 않지요. 이 물과 비슷한 상징이 바로 달입니다. 이 카드의 제목이지요. 달 카드가 나왔으니 가볍게 달이 상징하는 의미도 다루어 보겠습니다. 달은 상황에 있어서 명확함이 없고, 목적지가 불분명함을 의미합니다. 앞날에 대한 환상과 불안감도 의미하며, 이 달의 표정처럼 무의식을 나타내기도 합니다. 예를 들어서 좀 더 쉽게 이해해 볼까요? 만일 자신이 좋아하는 사람의 속마음에서 이 카드가 답으로 던져졌을 때 우리는 이 사람이 나에게 관심이 별로 없고, 있다면 아직 명확한 느낌이 아니라는 것을 알 수 있습니다. 어때요? 이렇게 이해하니 이 카드가 그렇게 어렵지는 않지요?

③ 3단계 키워드 상자를 열어보겠습니다. 위기에 대한 잠재의식의 경고, 위험, 꿈, 직관, 불안함, 드러나지 않은 위기 등의 키워드가 보입니다. 모두 우리의 느낌과 그림과 일치하는 것 같습니다. 이 중에서 가장 편안한 키워드를 선택해서 다시 그림을 보시면 이해가 더욱 쉬울 것입니다. 이 카드가 뒤집어지면 꿈에서 벗어나지 못하고, 위험을 벗어나지 못하는, 이라는 키워드를 만날 수 있습니다.

◎ 정방향: 위기에 대한 잠재의식의 경고, 위험, 꿈, 직관, 불안함, 드러나지 않은 위기
◎ 역방향: 꿈에서 깨어나지 못하다. 위험을 벗어나지 못하는, 위험의 직감, 위기가 드러나고 있는 상황

정방향   역방향

마지막 카드는 'The sun' 카드입니다. 태양 카드입니다.

① 신나 하는 아이의 모습과 태양, 해바라기 등의 기분 좋은 상징의 요소들로 우리는 이 카드를 1번으로 분류해야 한다는 것을 알 수 있습니다.

② 백마를 탄 아이는 두 팔을 벌려서 매우 즐거워하고 있습니다. 기분이 안 좋은 상황에서 이 아이를 본다면 나도 덩달아 기분이 좋아질 것 같은 느낌입니다. 태양의 빛이 아주 강렬하게 비추고 있고, 아래에 해바라기도 활짝 피어 있습니다. 기분 좋은 해바라기도 한 송이가 아니라 여러 송이입니다. 이렇게 해바라기가 등장했기에 해바라기 상징을 한번 다루어 보겠습니다. 해바라기의 상징은 곧 이 카드의 키워드이기도 합니다. 해바라기는 태양과 같은 상징으로 생명력, 활력, 높은 에너지, 기쁨을 나타냅니다. 숭배나 충성 그리고 장수를 나타낼 때도 사용합니다. 행복이나 행운 그리고 긴 수명을 나타내는 상징으로 그려지는 해바라기. 그 해바라기가 여러 송이가 있으니 기분이 저절로 좋아집니다.

③ 3단계로 가서 키워드를 보면 긍정적인 키워드가 보입니다. 성공, 성취, 넘치는 기쁨 등의 키워드가 우리가 이미 그림을 보면서 나누었던 단어와 일치합니다. 이 카드가 역으로 뒤집히면 반대의 의미, 실패, 손해, 빼앗김, 슬픔으로 의미가 변합니다.

◎ 정방향: 성공, 임신, 성취, 넘치는 기쁨, 모든 면에서의 성취와 기쁨을 나타내며, 위기가 있었다 해도 해결된다

◎ 역방향: 실패, 손해, 빼앗김, 슬픔, 모든 면에서 불길함

21. 메이저 아르카나 20번-The judgement(심판)

정방향   역방향

메이저 카드 20번 'The Judgement' 카드입니다. 심판 카드입니다.

① 사람들이 두 팔을 벌려서 기뻐하는 모습이 눈에 띕니다. 1단계에서 정확한 의미는 모르더라도 긍정의 의미가 있음을 느낄 수 있기에 1번 카드로 분류해 보겠습니다. 여러분도 그렇게 분류가 되나요?

② 2단계로 넘어가서 스토리를 만들어 보면 천사 날개를 단 존재가 나팔을 불고 있고, 아래에 있는 많은 사람은 두 팔을 벌려 나팔 소리에 기뻐하는 듯합니다. 사람들이 관 속에 있는 것으로 보아 어두웠던 곳에서 사람들이 나온 것 같습니다. 나팔 소리를 듣고 사람들이 깨어난 듯합니다. 저는 이 카드를 보면 사주로 볼 때 힘든 시기를 지나 좋은 대운을 맞이하는 사람들의 모습 같다고 생각합니다. 관과 같이 답답했던 어두

운 곳에서 이제 밝은 곳으로 나오는 모습. 그 속에서는 두 팔을 펼치지 못했지만 이제 드디어 내 두 팔을 펼칠 수 있겠구나.

③ 판결, 부름을 받다, 기다리던 소식을 듣게 된다는 키워드가 저에게 들어옵니다. 하나의 메시지로 자신 스스로가 변화를 일으켜야 원하는 것을 얻을 수 있게 된다는 의미도 같이 생각한다면 카드가 더 잘 이해될 것 같습니다. 이 카드가 뒤집어지면 반대의 의미로 소식이 없다, 변화가 일어나지 않는다 등의 키워드가 있습니다. 이 카드가 물음에 대한 결과로 나왔을 때는 긍정적인 의미이겠지요? 예를 들어, 타로카드로 점을 본다면 "제가 좋아하는 사람과 연인이 될 수 있습니까?"라는 물음을 받았을 때 이 카드가 나오면 답은 'Yes'로 답해 주시면 되겠습니다.

◎ 정방향: 판결, 부름을 받다, 기다리던 소식을 듣게 됨, 변화가 있어야 원하는 것을 얻게 됨
◎ 역방향: 소식이 없다, 변화가 일어나지 않는다, 잘못을 깨닫지 못한다

22. 메이저 아르카나 21번-The world(세계)

정방향

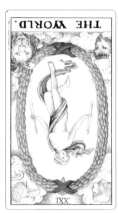

역방향

다음 카드는 메이저 카드 중 마지막 카드인 'The world' 카드입니다.

연애 타로카드의 정석

세상, 세계 카드로 기억하시면 되겠습니다.

① 1단계에서 느낌을 찾으면 1번으로 분류할 수 있겠습니다. 왜냐하면 월계관 속에 아름다운 여자가 봉을 쥐고 있는 모습이 뭔가 완성된 듯한 느낌이 들지 않습니까? 월계관 자체가 성공을 나타내는 의미이기도 합니다. 그럼 2단계로 넘어가 볼까요?

② 큰 월계관이 공간을 차지하고 있고, 아름다운 여자가 봉을 쥐고 춤을 추고 있는 것 같습니다. 카드의 모서리를 차지하는 것들은 미지의 세계에 있는 존재들인 것 같습니다. 마치 신화에 등장하는 요소들인 것 같습니다. 여자가 원형 속에 있는 것으로 보아 세상과 하나로 일치하는 기쁨의 춤을 추는 듯합니다. 여자의 마음으로 감정이입을 시켜본다면 "세상과 나는 하나이다.", "나는 세상과 조화를 이룬다." 이러한 문장을 만들어 볼 수 있겠습니다. 기분 좋은 카드이니 어떤 요소들이 있는지 좀 더 살펴보겠습니다. 인간과 독수리, 소, 사자가 눈에 보입니다. 이들의 상징을 언급해 보자면 불, 물, 공기, 흙(지수화풍)의 4대 원소를 나타낸다고 할 수 있습니다. 지수화풍이 이 세상에서 적절하게 조화를 이루니 이보다 완벽한 세상이 어디 있겠습니까. 이 4대 원소가 있어서 우리의 세상이 완성됩니다. 그 중요 요소가 이 카드에 모두 들어가 있습니다. 음과 양도 당연히 포함되어 있겠지요. 우리의 꿈이 담긴 카드인 것 같습니다.

③ 조화를 통한 완벽함, 모든 것의 어울림, 나쁜 일이 변화를 일으켜 좋게 된다는 키워드가 저의 스토리와 일치하네요. 그럼 이 키워드를 안고 가겠습니다. 반대로 이 카드가 뒤집어지면 실패와 부조화, 완벽하지 못한 상태, 어울리지 못하는, 즐거움이 없다는 의미로써 정방향과 반대로 해석하시면 되겠습니다.

> ◎ 정방향: 조화를 통한 완벽함, 모든 것의 어울림, 결과가 좋음, 복잡한 일들의 완성, 주변의 모든 것이 조화롭게 운영된다
> ◎ 역방향: 실패와 부조화, 완벽하지 못함, 어울리지 못하는, 점점 더 복잡해지는, 즐거움이 없는

여러분, 수고하셨습니다. 드디어 메이저 카드 22장의 의미 해석이 끝 났습니다. 이 메이저 카드는 나머지 카드의 의미를 모두 함축하고 있기 에 22장의 카드 공부가 끝났다면 22장의 카드만으로도 우리의 연애 운 을 볼 수 있습니다. 마이너 아르카나 카드 공부로 넘어가시기 전에 22 장의 카드로 나의 연애 운을 먼저 연습해 보세요. 또는 익숙해지기 위 해서 친구나 가족들의 연애 운도 한번 점쳐 주세요.

그리고 여러분이 눈치채셨을지는 모르겠는데, 제일 처음 여행을 시작 하는 0번 카드인 '바보' 카드를 기억하시나요? 그리고 마지막 카드는 완 성된 세상을 상징하는 '세계' 카드입니다. 바보가 여행을 시작하면서 많 은 기쁨을 만나고, 고민을 하고, 고통을 겪으며, 수행을 하고 결국 완전 한 세상으로 진입하는 모습이 이 카드에 모두 담겨 있습니다. 저는 타 로카드를 볼 때마다 헤르만 헤세의 『싯다르타』라는 소설이 떠오릅니다. 깨달음으로 나아가는 과정을 옮겨 놓은 듯한 타로카드는 저에게 많은 깨달음을 줍니다. 여러분들도 타로카드가 주는 깨달음을 자신의 삶으 로 아름답게 가져가시길 바랍니다.

2) 마이너 아르카나 카드 56장(23~78)

마이너 아르카나 카드는 4가지 요소로 이루어져 있습니다. 컵, 검, 완 드(막대), 펜타클의 4요소입니다. 컵은 감정을, 검은 지성을, 완드는 창의 성을, 펜타클은 물질적인 요소를 나타냅니다. 각각의 카드는 14장의 카 드로 이루어져 있습니다. 14장의 카드 중 4장은 코트 카드로 인물이 나 타나 있는 궁정 카드입니다. 이 카드는 페이지, 기사, 여왕, 왕으로 구성 되어 있는데 쉽게 해석하자면 어떤 일의 진행에 있어서 페이지는 시작 하는 시점, 기사는 그것의 발전이 조금씩 보이는 시점, 점차 익숙해져 가는 여왕, 최고의 정점을 찍는 왕의 카드로 발전하는 것으로 해석하시

연애 타로카드의 정석

면 궁정 카드가 나왔을 때 어렵게 느껴지지 않을 것입니다. 만일 연애로 예를 든다면 페이지는 서로 잘 알지 못하는 만남의 단계, 기사는 서로를 알아가고 감정과 상황에 변화가 오는 변화의 단계, 여왕은 두 사람의 관계에 발전이 오는 단계, 왕은 두 사람의 사랑이 정점에 오른 단계로 스토리를 그려 보면 이해가 매우 쉽습니다. 또한, 각각의 카드는 인물 카드이기에 성격도 알아볼 수 있는데 이 부분은 쉽지 않기에 혹시라도 차후에 출판할 타로 마스터 과정 책에서 다루도록 하겠습니다.

이제 각각의 요소별로 차례대로 14장씩 살펴보겠습니다. 순서는 컵(cup), 펜타클(pentacle), 완드(wand), 검(sword)의 순서대로 다루겠습니다. 4장의 코트 카드는 모두 1단계에서 1번에 분류해 두겠습니다.

2)-1 마이너 아르카나 카드 Cup 14장

23. Page of cups(컵의 소년)

정방향   역방향

'Page of cups'. 컵의 소년 카드입니다.

① 1번 긍정 카드로 분류하겠습니다.

② 페이지 오브 컵을 보면 수련생이 한 손에 컵을 쥐고 있고, 컵에서는 물고기가 보입니다. 마치 이 남자는 물고기의 이야기를 듣는 듯하죠? 그리고 여기서 재미로 보면 물이 보이는데 잔잔하지가 않죠? 물이 정서를 나타낸다고 볼 때 이 남자의 마음은 조금 들떠 있고, 완전히 안정적이지는 않다고 볼 수 있습니다. 키워드를 보시면 이 남자의 정서가 물의 형태로 그대로 느껴질 것입니다. 남자는 어떤 조언을 구하는 듯하고, 물고기는 어떤 아이디어를 제시하는 느낌입니다. 물고기에게 조언을 바란다는 것은 아직 자신이 알고자 하는 부분에 있어서 미숙하다는 뜻이겠지요?

③ 키워드를 살펴보겠습니다. 감정이 서툰, 부족한 지식이지만 열심히 하는, 숙련되지 않은 기술, 성실한, 부족한 표현력의 키워드가 보입니다. 키워드와 같이 정리하면 이 사람은 뭔가를 시작하는데 아직은 미성숙한 상태임을 알 수 있겠습니다. 역방향으로 가서 보면 감정 조절이 되지 않는, 지식의 부족함을 모르는 자만함, 자기 자신을 모르는, 과도한 표현력으로 인한 실패 등의 키워드가 있습니다.

> ◎ 정방향: 감정이 서툰, 부족한 지식이지만 열심히 하는, 숙련되지 않은 기술, 성실한, 부족한 표현력
> ◎ 역방향: 감정 조절이 되지 않는, 지식의 부족함을 모르는 자만함, 자기 자신을 모르는, 과도한 표현력으로 인한 실패

연애 타로카드의 정석

 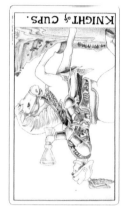

정방향   역방향

'Knight of cups'. 컵의 기사 카드입니다.

① 1번 긍정 카드로 분류하겠습니다.

② 기사가 컵을 들고 백마를 타고 어디론가 가고 있습니다. 깨끗한 물이 흐르는 것으로
보아 남자는 안정된 정서를 가지고 있고, 차분한 태도로 보아 자신감 또한 지니고 있
음을 감지할 수 있습니다. 어딘가로 책임감을 지니고 자신의 임무를 다하기 위해서
떠나는 모습을 상상할 수 있습니다.

③ 키워드를 보면 기회를 얻는, 도전하는, 새로운 제안을 받게 되는, 자신감을 얻는, 자신
만의 노하우 키워드가 보이네요. 2단계에서 다루었던 스토리와 매우 잘 어울립니다.
이 카드가 역으로 변하면 남을 속이는, 테크닉의 부족, 기회를 얻고도 게으름을 부리
는, 도전하는 척하는 등의 키워드가 보입니다. 정방향의 의미와 반대의 의미이므로
이해하기가 어렵지 않습니다.

25. Queen of cups(컵의 여왕)

정방향   역방향

'Queen of cups'. 컵의 여왕 카드입니다.

① 1번 긍정 카드로 분류하겠습니다.

② 여왕이 의자에 앉아서 컵을 바라보고 있습니다. 여기서 조금 특별해 보이는 것은 매우 화려한 컵입니다. 컵은 감정인데 컵이 매우 화려하다는 것은 감정이 매우 풍부하다는 것으로 생각해 볼 수 있겠습니다. 여왕 아래의 색상으로 볼 때, 흐르는 물은 깨끗해 보입니다. 물은 정서이므로 물결의 굽어짐을 부드럽게 그려진 것으로 보아 여왕이 부드럽고 안정적이라고 상상해 봅니다.

③ 키워드는 정직하고 온화한, 부드러운, 베푸는 사람, 모성애와 보살핌, 자애로운 사랑 등의 정서적인 키워드가 많이 보입니다. 이처럼 매우 정서적으로 풍부한 사람임을

연애 타로카드의 정석

알 수 있고, 이 키워드는 그림과 함께 암기해 놓는 것이 앞으로 해석에 도움이 되실 것입니다. 이 카드를 뒤집으면 부정한 여자, 뒷소문, 거짓 애정, 겉으로는 온화한 채 뒤에서 농락하는 등의 키워드가 보이지요? 이 긍정적인 정서가 잘못 쓰였다고 생각 하시면 됩니다.

◎ 정방향: 정직하고 온화한, 부드러운, 베푸는 사람, 모성애와 보살핌, 자애로운 사람
◎ 역방향: 부정한 여자, 뒷소문, 자비롭지 못한, 거짓 애정

26. King of cups(컵의 왕)

정방향

역방향

'King of cups'. 컵의 왕 카드입니다.

① 1번 긍정 카드로 분류하겠습니다.

② 왕은 정면을 향해 있고 한 손에는 컵 모양의 봉을 들고 있습니다. 왕은 완전히 물에 둘러싸여 있지요? 물결이 여왕 카드보다 훨씬 강하게 일렁이고 있습니다. 정서로 보 자면 여왕의 카드의 물결이 부드럽고 자애로움을 나타낸다면, 더 강하게 일렁이는 물결로 봐서 이는 열정적이고 적극적인 물의 상징을 가지고 있다고 보시면 됩니다.

③ 키워드를 보면 책임자, 지식인, 송교가, 신념이 강한, 아버지와 같은 이해심, 믿음직한, 성공하는 키워드가 보입니다. 컵의 왕은 물에 둘러싸여 있고, 2단계에서 지나갔지만, 목에 물고기 목걸이를 하고 있습니다. 여성적인 정서를 가지고 있기에 다른 카드들의 왕의 성격보다 부드러움을 가지고 있습니다. 부성애가 느껴진다고 보시면 되겠습니다. 역으로 카드가 뒤집어지면 감정의 손실과 명예의 추락, 황폐함, 약아빠진, 체면을 차리지 못하는 등의 키워드를 이해하시면 되겠습니다. 왕들의 역방향은 보통 그 왕들의 명예가 손실되고, 책임을 다하지 않는 모습을 상상하시면 모든 왕의 카드는 어렵지 않을 것입니다.

◎ 정박향: 책임자, 지식인, 종교가, 신념이 강한, 높은 이해심, 믿음직한, 성공하는
◎ 역방향: 감정의 손실과 명예의 추락, 황폐함, 불법, 약아빠진, 체면을 차리지 못하는

27. Ace of cups(하나의 컵)

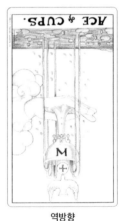

| 정방향 | 역방향 |

'Ace of cups'. 하나의 컵 카드입니다.

① 첫 느낌으로 봤을 때 좋은 느낌이 들지요. 1번으로 분류하겠습니다.

② 그림 속에 컵이 중앙에 있고, 컵 속에서 물이 나오고 있습니다. 넘치고 있다고 보는 것이 맞겠지요? 손 아래에도 물이 가득합니다. 비둘기가 무언가를 입에 물고 컵 속에 넣고 있습니다. 어떤 멋진 편지나 소식을 가지고 온 것이 아닐까요? 뭔가 기대가 되지요. 물은 정서와 무의식인데 이러한 부분이 철철 넘치고 있습니다. 매우 창의적일 것 같은 상상을 해 봅니다. 저 행운의 비둘기가 저에게도 찾아와 주길 바라게 되는 카드입니다.

③ 창조와 창작, 감정의 충만, 기쁨, 평화, 정신적인 안정의 키워드가 보입니다. 그림을 볼 때 우리의 느낌과 비슷한 키워드를 선택해서 이해하시면 됩니다. 카드를 역으로 뒤집으면 감정이 나의 정서에 스며들지 않으니 불만이 생기겠죠? 불만, 감정의 손실, 기대할 바 없음, 타락 등의 키워드로 카드를 이해하면 됩니다.

◎ 정방향: 창조와 창작, 감정의 충만, 기쁨, 평화, 정신적인 안정, 만족, 계획의 시작, 친절함
◎ 역방향: 불만, 감정의 손실, 기대할 바 없음, 타락

28. Two of cups(두 개의 컵)

정방향

역방향

두 개의 컵 카드입니다.

① 그림을 펼치는 순간 두 사람이 사이좋게 이야기를 나누는 것으로 보아 우리는 1번으로 분류할 수 있습니다.

② 두 사람이 있고, 컵을 들고 있네요. 중간에 있는 존재가 크게 눈에 띄지는 않지만 두 사람 사이의 중재 역할을 하는 듯해 보입니다. 두 사람은 여러 이야기를 나누겠지요? 느낌으로 봤을 때는 다투는 것이 아니라 사이가 좋아 보입니다. 그들이 딛고 있는 땅 또한 매우 곧고 안정적으로 보입니다. 둘 사이 그리고 그 주변 모두 아무런 문제가 없어 보입니다.

③ 사랑, 교섭, 화해, 감정의 교류, 합의, 협상, 친구가 되다, 동업이라는 키워드가 모두 그림을 보면서 느낀 우리의 생각과 일치합니다. 카드를 뒤집으면 관심 없음, 미움, 교섭 실패, 협상 실패 등으로 정방향의 반대의 키워드를 이해하시면 되겠습니다.

◎ 정방향: 사랑, 교섭, 화해, 감정의 교류, 합의, 협상, 친구가 되다, 동업
◎ 역방향: 관심 없음, 미움, 교섭 실패, 협상 실패, 동업이 깨지다

29. Three of cups(세 개의 컵)

정방향

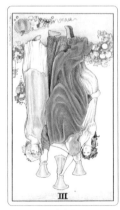
역방향

세 개의 컵 카드입니다.

① 사람들이 축배를 드는 기분 좋은 느낌으로 이 카드를 1번으로 분류하겠습니다.

② 세 명의 사람이 컵을 번쩍 들어 올려서 뭔가 축하를 하는 느낌입니다. 좋은 일이 있거나 어떤 일이 성공했거나, 오랜만에 만난 친구들이 서로 기뻐하는 모습과 비슷하지요? 바닥에 있는 먹음직스러운 과일 등은 풍성한 분위기를 연출하고 있습니다. 하늘은 푸르고 과일은 풍성하며, 세 사람은 모두 즐거워하며 웃고 있으니 이보다 무엇이 더 좋을까요?

③ 중개인, 단합, 합의와 협상, 축배, 의견 일치, 경사, 기쁜 소식 등의 키워드가 우리가 그림을 보고 나누었던 느낌과 일치하지요? 반대로 카드를 뒤집어서 역방향의 키워드를 보면 교섭 결렬, 중개인의 부재, 의견이 일치되지 않은, 협상 실패라는 의미가 있습니다.

◎ 정방향: 단합, 합의와 협상, 축배, 의견일치, 경사, 기쁜 소식
◎ 역방향: 교섭 결렬, 중개인의 부재, 의견이 일치되지 않은, 협상 실패, 과도한 유흥

30. Four of cups(네 개의 컵)

정방향

역방향

네 개의 컵 카드입니다.

① 남자의 표정을 보았을 때 뭔가 고민에 빠진 듯한 모습으로 1번으로 분류할 수 없음을 알 수 있습니다. 2번 부정의 카드로 분류하겠습니다.

② 한 남자가 팔짱을 끼고 나무 밑에서 앞에 있는 컵들을 바라봅니다. 구름 모양의 손이 컵을 들고 남자에게 주지만, 남자의 시선은 앞에 있는 컵들만을 바라봅니다. 내가 이 남자가 되었다고 생각하고 감정이입을 한번 해 볼까요? 뭔가 고민이 있고, 그 고민 탓에 다른 것에는 신경이 쓰이지 않습니다. 앞에 있는 컵들에 대한 미련이 있지만 당장 일어나서 어떤 행동은 할 수 없는 심정이 느껴집니다.

③ 3단계로 가서 키워드를 보면 몰두, 언제 올지 모르는 소식, 조언을 듣지 못하는, 앞의 것에 마음을 뺏긴 등의 키워드를 보실 수 있습니다. 카드의 역방향을 본다면 눈앞의 것에 정신이 팔려 주변의 것을 듣지 못하는, 자신의 실수로 기회를 놓치는 등의 의미로 정방향의 의미가 더 깊어진다고 생각하시면 됩니다. 정방향의 부정적 의미가 역방향이 되면 더 심해진다고 보면 되겠지요?

◎ 정방향: 몰두, 언제 올지 모르는 소식, 조언을 듣지 못하는, 앞의 것에 마음을 뺏긴
◎ 역방향: 눈앞의 것에 정신이 팔려서 주변의 것을 듣지 못하는, 자신의 실수로 기회를 놓치는

정방향   역방향

다섯 개의 컵 카드입니다.

① 남자의 검은 뒷모습이 전체적으로 암울한 분위기를 자아내는 것으로 보아 우리는 2
번으로 분류해 보겠습니다.

② 한 남자가 등을 보이고 있고, 검은 옷을 입고 있습니다. 고개도 숙이고 있군요. 남자
의 발밑에는 3개의 컵이 쓰러져 있습니다. 등 뒤의 두 개의 컵은 그대로 세워져 있습
니다. 그러나 남자의 몸의 방향은 쓰러진 컵 쪽을 향하고 있습니다. 멀리 보이는 건물
도 어둡고 낡아 보입니다. 내가 이 남자라면 지금 어떤 생각을 하고 있을까요? 쓰러
진 컵을 보며 후회나 실망, 상실감을 느끼고 있을 듯하네요. 우리 성인들이라면 직장
을 잃었을 때나, 무언가에 실패했을 때 이러한 자신의 모습을 연상하지 않을까요? 잠
시 내가 어떤 상황일 때 이 남자와 가장 비슷한 모습인지를 생각하면 이 카드가 매
우 친근하게 다가올 것입니다.

③ 실망, 남은 기대, 막막함, 외로움, 숨고 싶어 하는, 돌아가기에는 두려운 등의 키워드
가 보입니다. 점점 카드의 이해가 쉬워지지요? 우리가 만든 스토리는 그대로 키워드
와 맞아떨어지고 있습니다. 카드를 뒤집어보면 뭔가 희망이 보일까요? 한번 보겠습
니다. 실망에서 벗어날 기회가 찾아온다, 외로움을 벗어날 기회, 떠난 곳으로 돌아갈

기회 등 뭔가 벗어나는 긍정의 의미를 남고 있네요. 이 카드는 별도로 지회기 암기하 겠습니다. 왜냐하면 모든 부정의 카드가 역방향이 되면 긍정의 의미는 아니지요? 부 정의 의미가 더 강해지기도 하고, 같은 의미를 지니기도 합니다. 이 카드는 정방향의 의미가 역으로 긍정의 의미로 변하는 카드이기에 기억해두면 연애 운을 볼 때 이 카 드와 만난다면 혼란스러움이 줄어들 것입니다.

◎ 정방향: 실망, 남은 기대, 막막함, 외로움, 숨고 싶어 하는, 돌아가기에는 두려운
◎ 역방향: 실망에서 벗어날 기회가 찾아옴, 외로움을 벗어날 기회, 떠나 온 곳으로 돌 아갈 기회

32. Six of cups(여섯 개의 컵)

정방향   역방향

여섯 개의 컵 카드입니다.

① 보기만 해도 기분이 좋아지는 카드이지 않나요? 바로 1번으로 분류하겠습니다.

② 한 남자가 어린아이에게 컵 속에 꽃을 담아서 전해주고 있네요. 프러포즈가 연상되 는 장면입니다. 6개의 컵 속에는 모두 꽃이 담겨 있습니다. 보는 것만으로도 마음이

연애 타로카드의 정석

환해지는 느낌이 듭니다. 작은 마을들의 건물과 땅이 노란색으로 그려져 있네요. 여자는 남자를 지그시 올려다봅니다. 내가 남자가 되어 이 그림 속에 존재하더라도, 내가 여자가 되어 이 그림 속에 존재하더라도 두 사람 모두 행복감을 가지고 있다는 것을 느낄 수 있습니다.

③ 선물, 기쁜 소식, 희망을 건네다, 소식을 전달하다, 프러포즈하다 등의 키워드가 우리가 그림을 보면서 나누었던 이야기와 잘 일치합니다. 역방향을 보면 나쁜 소식, 기다리는 소식이 오지 않는다, 불행한 소식을 전달하다, 이별의 통보를 받다 등의 키워드가 보이네요. 정방향과 반대의 키워드이니 이해하시기가 쉬울 것입니다. 어떤 질문의 답에 이 카드가 결과 카드로 나온다면 무척 기분이 좋겠지요? 질문의 답은 'Yes'이기 때문입니다.

◎ 정방향: 선물, 기쁜 소식, 희망을 건네다, 소식을 전달하다, 프러포즈하다
◎ 역방향: 나쁜 소식, 기다리는 소식이 오지 않는다. 불행한 소식을 전달하다, 이별의 통보

33. Seven of cups(일곱 개의 컵)

정방향　　　　　　　　역방향

일곱 개의 컵 카드입니다.

① 정확하게 어디로 분류할지 가늠하기가 힘든 카드이지요? 설명이 필요한 키드입니다. 일단 2번 부정의 카드로 분류시킨 후 그 이유를 2단계에서 살펴보겠습니다.

② 구름이 보이고, 검은 옷을 입은 남자가 구름을 바라보고 있습니다. 컵이 7개가 보이고, 그 컵들 속에 뭔가가 담겨 있습니다. 여자의 얼굴도 보이고, 뱀도 보이고, 성도 보이고, 신의 존재와 같은 모습도 보입니다. 보석도 보이고, 월계관도 보이고, 동물도 보입니다. 이것으로만 봤을 때 남자의 머릿속, 또는 다른 사람의 것을 남자가 보고 있는 느낌이 들지요? 사실 지금 제 머릿속에 있는 것을 그대로 가져온 느낌입니다. 이 카드에 문장을 하나 만들어 보면 "나는 집도 가지고 싶고, 성공도 하고 싶고, 이성도 만나고 싶고, 부도 가지고 싶다." 이런 문장이 떠오르지 않나요?

③ 키워드를 펼쳐보니 생각만 번잡한, 이것저것 계획만 잡는, 현실적인, 행동력이 부족한, 상상만 하다 등의 키워드가 있습니다. 정리해서 보면 '환상'이라는 단어가 가장 적합할 것 같네요. 머릿속에 이런저런 환상들을 가지고 있는 모습입니다. 1단계에서 2번으로 분류한 이유를 확인할 수 있습니다. 카드를 뒤집어보면 의미가 엉뚱한 계획, 도전하지 않는, 망상, 욕심만 많은, 착각의 상황에서 벗어나지 못한다 등의 키워드로 정방향과 의미를 같이합니다.

> ◎ 정방향: 생각한 번잡한, 이것저것 계획만 잡는, 현실적인, 행동력이 부족한, 상상만 하는
>
> ◎ 역방향: 엉뚱한 계획, 도전하지 않는, 망상, 욕심만 많은, 착각의 상황에서 벗어나지 못하는

연애 타로카드의 정석

정방향

역방향

여덟 개의 컵 카드입니다.

① 정확한 의미가 와닿지는 않지만, 등 돌린 남자 모습과 눈을 감은 달의 모습, 밝지 않은 하늘의 색상으로 볼 때 2번으로 분류할 수 있겠습니다.

② 달이 보이네요. 달은 눈을 감고 있습니다. 멀리 보이는 바위, 또는 돌 섬의 형태가 그림의 분위기를 어둡게 만들고 있습니다. 등 돌린 남자의 모습으로 볼 때 뭔가 원치 않게 떠나는 모습을 상상할 수가 있겠지요? 컵은 여덟 개가 보이고 위의 중간 자리가 비어있습니다. 올바르게 나열되지 않고 이렇게 빈자리를 둔 것도 의미가 있겠지요? 하나가 부족한 느낌입니다. 이 남자는 어떤 마음으로 떠날까요? 제가 이 남자라면 '아무 의미가 없구나.', '내가 떠나야만 하는구나.', '모든 것이 완벽하지만 나는 이것에 머무를 수가 없구나.'라는 마음이 들 것 같아요.

③ 키워드를 보니 유랑, 떠남, 포기하고 떠나게 되는, 자신의 것을 두고 가는, 왕따, 따돌림, 기회의 포기 등의 키워드가 있습니다. 남자는 현실에서 분명히 떠날 수밖에 없는 상황이라는 것이 그대로 느껴집니다. 역으로 가면 유랑으로부터 돌아오는, 미련이 남아서 떠나지 못하는, 왕따로부터 벗어날 기회 등으로 봐서 정방향 속의 남자는 역으로 가면 떠나야 하지만, 떠나지는 못하는 상황을 가지게 되네요.

35. Nine of cups(아홉 개의 컵)

| 정방향 | 역방향 |

아홉 개의 컵 카드입니다.

① 자신만만해 보이는 주인공의 행동과 표정을 볼 때 긍정적인 느낌이 듭니다. 1번으로 분류해 보겠습니다.

② 아홉 개의 컵이 선반 위에 질서 있게 놓여 있습니다. 카드의 끝과 끝을 꽉 채우고 있습니다. 중앙에 의자에 앉아있는 남자분은 팔짱을 끼고 흐뭇한 표정으로 앉아 있습니다. 내가 이 주인공이라면 지금 어떤 생각을 하고 있을까요? 저라면 '나는 가질 만큼 가졌어.', '나는 부자야.', '나는 만족해.' 뭐 이런 생각을 하고 있을 것 같습니다. 여러분도 이 주인공이 되어서 생각의 문장을 하나씩 만들어보세요. 자, 만드셨나요? 그 문장을 가지고 3단계로 들어가 보겠습니다.

③ 만족, 만반의 준비, 모든 면에서 충족하다고 생각하는, 자신만만이라는 키워드가 보입니다. 이 모든 키워드가 제 생각과 일치하네요. 여러분이 만든 문장과도 일치하나요? 반대로 카드가 역방향이 되면 자만, 자기만 만족하는, 허세, 준비되지 않은 등의 키워드가 있네요. 정방향과 반대의 의미로 해석하면 될 것 같습니다.

◎ 정방향: 만족, 만반의 준비, 모든 면에서 충족하다고 생각하는, 자신만만한
◎ 역방향: 자만, 자기만 만족하는 허세, 감정의 허풍, 준비되지 않은, 불안함

36. Ten of cups(열 개의 컵)

정방향

역방향

열 개의 컵 카드입니다.

① 카드를 펼치는 순간 1번으로 분류됨을 알 수 있습니다. 이 카드를 보고 불행을 상징한다고 생각하는 사람은 없겠지요.

② 10개의 컵이 무지개와 함께 하늘에 떠 있습니다. 사랑하는 사람으로 보이는 두 남녀가 두 팔을 벌려서 하늘을 바라보고 있고, 아이들은 신나게 두 손을 잡고 뛰어놀고 있습니다. 주변은 푸르고 아주 작은 부분을 차지하지만 깨끗한 물도 보입니다. 지수화풍의 모습이 이 카드에도 다 들어 있습니다. 아주 완전한 느낌입니다. 이 네 사람은

가족으로 보이지요? 무지개 위에 떠 있는 컵이 만족함을 더욱 강조하고 있는 듯합니다. 카드의 제목을 한번 만들어 보면 행복한 결혼생활, 신나는 일들이라고 저는 만들어 보았습니다. 여러분도 한번 만들어 보세요. 그리고 그 문장을 가지고 3단계로 넘어가 보겠습니다.

③ 경사, 결혼, 가정을 꾸림, 더 먼 미래의 희망이라는 키워드가 보입니다. 우리가 예측했던 키워드와 일치하고 있습니다. 이 카드를 뒤집으면 반대의 의미가 보이네요. 이혼, 불륜, 희망이 없는 관계, 계획대로 얻을 수 없는 키워드가 보입니다. 정방향과 반대의 의미를 담고 있는 키워드입니다.

◎ 정방향: 경사, 결혼, 가정을 꾸림, 성공, 더 먼 미래의 희망, 얻고자 하는 것을 얻는
◎ 역방향: 이혼, 불륜, 희망이 없는 관계, 계획대로 얻을 수 없는

2)-2 마이너 아르카나 Pentacles 14장

지금부터는 펜타클 카드 14장을 저와 함께 살펴보도록 하겠습니다.

37. Page of pentacles(펜타클의 소년)

정방향

역방향

연애 타로카드의 정석

'Page of pentacles'. 펜타클의 소년 카드입니다.

① 1번 긍정 카드로 분류하겠습니다.

② 한 남자가 두 손에 펜타클을 들고 바라보고 있습니다. 빨간색의 두건이 이 남자의 열
정을 보여 주는 듯합니다. 전체적인 배경의 노란색이 긍정적인 현재 모습과 희망적
인 미래를 알려주는 듯합니다. 땅도 푸르고 주변에 꽃도, 물도 남자의 현재 상태와
미래를 예지해 주는 것처럼 보입니다. 페이지이기에 아직은 미숙하지만, 열정은 강하
게 있는 모습입니다.

③ 새로운 시도, 무경험에 따른 투자, 아슬아슬한, 이라는 키워드가 보입니다. 의미가 부
정일 듯하지만 새롭게 시작하는 마음을 가지고 있고, 이 시도는 다소 미숙한 모습이
지만 희망이 있음을 가지고 있는 카드입니다. 어떤 이에게 이 펜타클은 돈일 수가 있
고, 또 어떤 이에게는 이 펜타클이 직장일 수도 있고, 누군가에게는 결혼이 될 수도
있습니다. 그것을 바라는 마음이 담겨있는 카드입니다. 분명히 희망이 있습니다. 카
드가 뒤집히면 이러한 희망은 사라지고 미숙함이 드러나겠지요? 미숙함으로 인한
손해, 실패 등의 키워드로 해석하시면 됩니다.

◎ 정방향: 새로운 시도, 서툰 시도, 아슬아슬한, 운영에 미숙한
◎ 역방향: 미숙함으로 인한 손해, 하지 말아야 할 투자, 실패

정방향   역방향

'knight of pentacles'. 펜타클의 기사 카드입니다.

① 1번 긍정 카드로 분류하겠습니다.

② 갑옷을 입은 기사가 흑마를 타고 펜타클을 손에 쥔 채로 어딘가로 향하고 있습니다. 펜타클 기사는 어떤 성격인지 한번 예측해 볼까요? 이전에 학습한 컵 기사와 비교해 본다면 흑마를 타고 있고, 컵 기사의 말과는 다르게 두 발이 모두 땅에 있는 것으로 보아 움직이지 않고 있음을 알 수 있습니다. 이는 매우 신중함을 의미합니다. 결단이 서지 않으면 움직이지 않는 성격입니다. 현실 감각이 뛰어나서 투자할 때도 매우 신중합니다. 손해 보는 일을 하지 않으려는 성격이 매우 강합니다. 흑마는 비밀스럽고, 믿음직스러우며, 조용함을 나타냅니다. 그리고 지금 말이 닿고 있는 땅은 약간은 평평하지 않아 보입니다. 그렇지만 기사와 흑마가 안정적으로 보이는 것은 이 둘은 매우 용기 있고 강한 특성을 가지고 있는 듯합니다.

③ 투자에 대한 신중한 도전, 새로운 것을 지향하는, 투자에 이익이 따른다 등의 키워드가 보입니다. 여기서 투자는 돈일 수도 있고, 공부일 수도 있으며, 또 다른 영역일 수도 있습니다. 하고자 하는 것에 대한 신중한 도전이라는 의미를 가지고 있네요. 반대로 역으로 뒤집으면 도전하지 않는, 투자에 손해를 입는다, 자만으로 인한 손해 등의

키워드를 생각하시면 되겠습니다.

39. Queen of pentacles(펜타클의 여왕)

정방향   역방향

'Queen of pentacles'. 펜타클의 여왕 카드입니다.

① 1번 긍정 카드로 분류하겠습니다.

② 붉은 옷을 입은 여성이 큰 펜타클을 무릎 위에 올려놓고 안고 있습니다. 주변은 꽃들로 채워져 있고, 바닥에는 비옥한 땅이 보입니다. 토끼도 보이네요. 여기서 잠시 토끼가 등장하였으니 토끼의 상징을 다루고 가 볼까요? 토끼는 결단력이 있는 행위를 상징하고 있다고 합니다. 이 카드에서 토끼를 그려 넣은 것은 이 여왕이 결단력이 있는 사람임을 우리에게 알려주는 것은 아닐까요?

③ 이 여성분은 풍요로움을 상징하고 있고, 결단력 있게 관리도 매우 잘하는 성격이네요. 그 덕에 꾸준한 이익을 보고, 모성애같이 남을 잘 보살펴주는 성격을 지니기도

합니다. 키워드와 그림을 함께 조화를 이루어 성격을 연결해서 생각하시면 공부가
더 재미있어집니다. 카드를 역방향으로 보면 겉으로만 풍요로운, 금전 관리의 실수,
손해 등이 예상되는 카드입니다.

◎ 정방향: 풍요로운, 적절한 지출 관리, 금전 관리의 효율, 꾸준한 이익, 보살펴주는 행위
◎ 역방향: 겉으로만 풍요로운, 착오로 인한 지출, 금전 관리의 실수, 손해

40. King of pentacles(펜타클의 왕)

정방향   역방향

'King of pentacles'. 펜타클의 왕입니다.

① 1번 긍정 카드로 분류하겠습니다.

② 남자는 풍요의 상징인 포도를 주렁주렁 옷에 달고 있습니다. 의자, 왕관, 옷 등의 표
현이 그 자체로도 풍요로움이 느껴집니다. 손에 들고 있는 홀은 부와 권위를 나타내
고 있습니다. 남자는 경제적으로 풍부하고 부와 권위도 가지고 있다는 것을 알 수 있
습니다. 지금까지 다루지 않았던 상징인 성이 보이는데요, 잠시 다루어 보면 성은 튼
튼한 안전과 결속을 나타냅니다. 성이 매우 튼튼해 보이지요? 그러므로 이 남성은 우

리가 의존할 수 있을 만큼의 지위가 있고, 경제적으로도 뛰어난 사람임을 알 수 있습니다. 여유가 있는 만큼 차분하게 일을 진행하는 사람이기도 합니다.

③ 키워드 상자를 열어보니 성취, 성공, 재물을 통한 권력, 큰 수익, 큰 이익, 바로 도움을 받을 수 있는 인맥이 있습니다. 카드를 역으로 뒤집으면 실패, 재물의 낭비, 큰돈이 나간다, 손해, 큰 지출 등의 키워드가 보입니다.

참 고 해 주 세 요

펜타클 키워드가 금전 부분과 많이 연결된 것은 펜타클의 상징이 금전이기 때문입니다. 그러나 반드시 돈과 부를 상징하는 것이 아니며 연애 운을 볼 때 반드시 돈과 연결지어서 생각하지 않아도 됩니다. 사랑, 마음, 성과 등등 많은 단어를 대체하여 해석하시면 됩니다.

◎ 정방향: 성취, 성공, 재물을 통한 권력, 큰돈의 수익, 큰 이익, 도움이 되는 인맥

◎ 역방향: 실패, 재물의 낭비, 큰돈이 나간다, 손해, 큰 지출, 갑작스러운 지출, 손해를 입히는 인맥

---

41. Ace of pentacles(하나의 펜타클)

정방향

역방향

'Ace of pentacles'. 하나의 펜타클 카드입니다.

① 밝은 노란색 펜타클이 카드의 많은 부분을 차지하며 눈에 띄는 것으로 보아 의미를
알 수 없어도 1번 분류에 놓을 수 있음을 알 수 있습니다.

② 큰 손이 보이고 그 손은 반짝입니다. 손에 큰 펜타클을 쥐고 있네요. 이 펜타클은 내
가 꿈꾸던 것이라는 생각이 드는군요. 배경은 푸르고 길이 나 있으며 어디로 향하는
통로가 열려 있습니다. 그 통로 건너편에는 멋진 곳이 기다리고 있을 것 같군요. 지금
여러분의 마음 속을 한번 들여다보십시오. 이 펜타클이 무엇이면 좋을까요? 저도 하
나가 떠오르는데요. 비밀이라 말할 수는 없지만, 가슴 속으로 생각하고 3단계로 넘
어가 보겠습니다.

③ 재물의 이익, 재물의 취득, 재물이나 인맥의 부분에서 성취 키워드가 보이네요. 일단
손으로 잡은 펜타클은 무언가를 성취한 느낌이 맞군요. 여러분이 생각한 것도 인맥
이나 재물이 맞나요? 저는 맞습니다. 그리고 카드를 역으로 뒤집어 보면 반대의 의미
겠지요. 재물의 손해, 재물을 잃음, 인맥을 잃게 되는, 지출이 늘어나는 등의 키워드
가 있습니다.

◎ 정방향: 재물의 이익, 취득, 인맥을 얻다, 재물이나 인맥의 부분에서 성취
◎ 역방향: 재물의 손해, 재물을 잃음, 인맥을 잃게 되는, 지출이 늘어나는

연애 타로카드의 정석

42. Two of pentacles(두 개의 펜타클)

정방향

역방향

두 개의 펜타클 카드입니다.

① 1단계에서 알 수 없는 느낌이 들지요? 긍정을 의미하는지, 부정을 의미하는지 카드로는 알 수 없는 느낌입니다. 그럼 3번으로 분류해 두겠습니다.

② 광대로 보이는 남자가 기교를 부리고 있습니다. 두 개의 펜타클을 공처럼 들고 묘기를 부리고 있네요. 여기서 광대의 표정은 그렇게 기쁘게 보이지 않네요. 그리고 더 봐야 할 것은 우리가 학습했던 물의 상징을 볼 때 지금 물은 굉장히 불안정하게 물결치고 있다는 것입니다. 배가 불안하게 흔들리는 것을 보면 알 수 있지요? 이 물이 광대의 불안정한 마음을 대변하는 것 같습니다. 뭔가 지금 하는 일에 지루함을 느끼는 것 같습니다.

③ 즐겁지 않은 이익과 유흥, 겉으로만 이익, 어쩔 수 없이 행동하는 상황, 의무적인 거래. 이 키워드를 볼 때 광대의 표정처럼 원해서 하는 것이 아니라 의무적으로 하는 마음을 담고 있음을 알 수 있습니다. 역으로 가면 비슷한 의미이네요. 강요에 의한 행위, 유흥으로 인한 과다 지출 등의 키워드를 보시면 되겠습니다. 광대가 등장함으로써 유흥의 의미가 있음을 알 수 있습니다.

이렇게 3번으로 분류된 카드가 나왔다면 답은 지금은 판단하지 말고 시간이 필요하다는 의미, 지금은 답할 수 없다는 의미로 해석하시면 됩니다.

"남자친구와 싸웠는데 오늘 전화해도 될까요?"라는 질문에 이 카드를 받았다면 섣불리 어떤 행동도 하지 말라는 어드바이스로 해석하시면 됩니다.

◎ 정방향: 즐겁지 않은 이익과 유흥, 겉으로만 이익, 어쩔 수 없이 하는 행동, 의무적인 거래나 접대
◎ 역방향: 강요에 의한 행위, 유흥으로 인한 과다 지출, 타인을 위해 지출되는 재물, 접대의 실패

43. Three of pentacles(세 개의 펜타클)

정방향

역방향

세 개의 펜타클 카드입니다.

① 뭔가 그림이 생소하지만 나쁜 의미를 보이는 상징은 보이지 않습니다. 그러나 쉽게 분류할 수는 없지만, 제가 1번으로 분류하도록 인도해 드리겠습니다.

② 세 명의 사람이 보이고 두 사람이 한 사람에게 뭔가를 의뢰하거나 부탁하는 모습 같

아 보입니다. 건물 앞에 있는 것 같고요, 건물에 새겨진 세 개의 펜타클은 안정적인 구도로 의미 있게 새겨져 있습니다. 한 사람은 전문가인 듯합니다. 세 사람이 의논하는 모습이고요. 한 사람이 들고 있는 종이는 설계도 같아 보입니다. 만일 그렇다면 세 사람이 의논한 후 건물의 변화가 있으리라 예상됩니다.

③ 키워드를 펼쳐보니 기부, 투자, 자신의 미래를 위해 계획하고 저축하는, 거래, 협력 등이 있습니다. 한 명이 아니고 두 명도 아닌 세 명의 의미가 누군가를 위한, 또는 타인과 함께한다는 의미를 가지고 있습니다. 의논하는 모습으로 무언가가 계획적으로 진행됨을 알 수 있지요? 역으로 가면 거짓된 모금, 계획 없는 지출, 협의 없는 거래, 낭비 등으로 정방향과 반대의 의미를 가짐을 알 수 있습니다.

◎ 정방향: 기부, 투자, 자신의 미래를 위해 계획하고 저축하는, 타인과의 거래. 협력
◎ 역방향: 거짓된 모금, 계획 없는 지출, 전문성이 결여된, 협의 없는 거래, 낭비

44. Four of pentacles(네 개의 펜타클)

정방향

역방향

네 개의 펜타클 카드입니다.

① 노란 펜타클 4개가 눈에 띄고 보이는 남자는 매우 부유해 보입니다. 1번 카드로 분류해 보겠습니다.

② 남자가 여러분의 눈에는 어떻게 보이나요? 펜타클은 돈과 일의 성과를 나타내는데 이 남자는 머리 위, 양손에 모두 펜타클을 가지고 있습니다. 그것도 모자라 두 발아래에도 펜타클을 가지고 있습니다. 욕심이 지나쳐 보이지만 실질적인 성과로만 보고 해석해 본다면 성과가 이루어진 모습으로 이미지가 그려집니다. 지나쳐 보이더라도 성과가 이루어진다는 것은 기분 좋은 일이지요.

③ 키워드 자판기에 동전을 넣고 한번 돌려볼까요? 어떤 단어들이 떨어질까요? 자린고비, 적금, 철저한 분석, 관찰, 소유, 집착, 풍족 키워드가 보입니다. 자린고비 같은 단어는 부정적인 의미 같지만, 이 카드는 부정적인 의미의 카드는 아닙니다. 4개의 펜타클을 다 가진 주인공 남자를 주(主)로 하여 해석하면 돈, 또는 일 등의 성과를 얻은 것입니다. 여기에 '돈과 일의 성과가 풍부한'이라는 키워드를 더 추가해 볼게요. 그럼 이 카드는 1번으로 분류한 것이 맞겠지요? 카드를 뒤집어 보면 적금이 깨진다, 큰돈이 나간다, 낭비, 스토커 등의 키워드가 있습니다. 키워드를 보면 돈과 관련이 많은 카드입니다. 여기서 집착, 소유, 스토커라는 단어는 남자의 현재 상황을 보면 이해할 수 있습니다. 손에 큰 펜타클을 가졌지만, 머리에도 놓고 있고, 두 발로도 뺏기지 않도록 굳게 밟고 있습니다. 이 모습은 물론 돈이나 일의 성과를 얻었지만, 남과 나누고 싶지 않은 모습을 보여 주고 있습니다. 이 카드가 해결 방법을 제시하는 카드로 나왔을 경우 욕심을 버리고 사람들과 나누는 것을 제안해 주는 것으로 해석하시면 됩니다.

만일 이 카드가 우리 연애 관계에서 어드바이스 카드로 나왔다면 둘 중에 한 사람이 집착하고 있다는 것을 알 수 있습니다. 그러므로 집착이 풀려야지 관계가 좋아진다는 메시지를 받을 수 있습니다. 나누는 것이 아니라 소유하려고 하는 사랑의 지나침에 대해서 지적하고 있습니다.

◎ 정방향: 자린고비, 적금, 철저한 분석, 관찰, 소유, 집착, 풍족
◎ 역방향: 적금이 깨진다, 큰돈이 나간다, 낭비, 분석, 실패, 스토커

45. Five of pentacles(다섯 개의 펜타클)

정방향

역방향

다섯 개의 펜타클 카드입니다.

① 등장인물이 누추한 사람이고 그 사람의 표정을 볼 때 상황이 좋지 않음을 예상할 수 있습니다. 카드를 2번으로 분류하겠습니다.

② 누추한 옷을 입은 두 남녀가 성당으로 보이는 건물 앞을 지나가네요. 하얀 바닥으로 볼 때 눈이 내린 겨울이지만, 옷은 매우 얇게 보이고 이러한 장면은 가엾다는 생각이 들게 합니다. 추운 겨울에 이들은 어디론가 가고 있네요. 추운 겨울에 성냥을 들고나와 부잣집 안을 바라보며 부러워하는 성냥팔이 소녀가 생각나지 않으세요? 저는 이 카드를 보면 성냥팔이 소녀가 떠오릅니다. 그런데 창문에 있는 다섯 개의 펜타클이 눈에 띕니다. 그들의 미래가 완전히 어둠만 있는 것은 아니라는 메시지를 담고 있는 듯합니다.

③ 가난, 남의 돈, 내 것이 될 수 없는 행복, 포기 등의 키워드가 보입니다. 카드를 보며 나누었던 우리의 이야기와 키워드가 일치하지요? 이처럼 이 카드는 상황이 좋지 않음을 암시하고, 풍요롭지 못한 상황을 말해 주고 있습니다. 타로카드 점을 볼 때 결론으로 이 결과가 나왔을 경우 답은 부정적임을 알 수 있겠습니다. 이 카드가 역으로 뒤집어지면 좋지 않은 상황에서 간신히 벗어나고 있는 것, 조금은 자신의 것을 챙기

기도 한다는 키워드가 보입니다. 이 카드는 별도로 부정의 의미가 역으로 바뀌면 약간의 긍정임을 알 수 있습니다. 상황이 완전히 좋아지는 것은 아니지만 약간의 희망을 가지고 있는 것입니다. 그림 속의 노란 펜타클 5개가 이를 말해 줍니다. 정방향에서 이 펜타클의 의미가 부각되지는 않지만, 역방향에서 이 펜타클 5개의 긍정의 힘이 작용한다고 보시면 됩니다. 다시 좀 더 쉽게 설명하면 정방향일 때는 거지에 주목하고, 역방향일 때는 저 5개의 희망의 펜타클에 주목하면서 이해해 보세요. 연애로 예를 한번 들어볼까요? 지금 남자친구와의 사이가 매우 안 좋아졌어요. 그런데 나는 빨리 좋아지길 바라는 거죠. 그래서 타로카드에게 묻습니다. "한 달 안에 우리의 관계가 지금보다 좋아질 수 있나요?" 답이 이 카드의 역방향이 나온다면? 답은 좋아질 수 있다고 보시면 됩니다. 이런 식으로 카드 한 장씩 다룰 때마다 연애와 관련지어 질문하고 답을 얻으면 카드가 좀 더 쉽게 이해가 되고 그 의미가 내 머릿속으로 힘차게 헤엄쳐 들어올 것입니다.

◎ 정방향: 가난, 남의 돈, 내 것이 될 수 없는 행복, 포기, 실속이 없는
◎ 역방향: 위의 상황에서 간신히 벗어나고 있는 것, 조금은 자신의 것을 챙기는

46. Six of pentacles(여섯 개의 펜타클)

정방향

역방향

여섯 개의 펜타클 카드입니다.

연애 타로카드의 정석

① 세 사람이 등장합니다. 두 사람은 돈이 없는 사람으로 예측되고, 서 있는 사람은 돈이 있는 사람으로 예상할 수 있습니다. 여기서 부각되는 사람은 서 있는 사람이기 때문에 1단계에서 1번으로 분류하겠습니다.

② 카드 속에 펜타클은 6개가 있습니다. 지주로 보이는 사람은 한 손에는 저울을 들고 다른 한 손으로는 거지처럼, 또는 하인처럼 보이는 사람에게 돈을 주고 있습니다. 저울을 들고 있는 것으로 보아 이 남성은 공정하게 무언가를 배분하고 있다는 것을 알 수 있겠지요? 어쨌든 자신의 것을 나보다 아래 사람에게 나누어주고 있는 그림이네요. 저울은 마치 공평하게 나누어 주려는 지주의 마음을 담고 있는 듯합니다.

③ 키워드 편지가 도착했습니다. 한번 뜯어볼까요? 공정한 분배, 베풀어야 한다, 균등한 대우, 공정함으로 인한 이익 등의 키워드가 보입니다. 역으로 카드를 뒤집어 보면 불공정함, 인색함, 낭비 등 정방향과 반대의 키워드를 생각하시면 됩니다.

◎ 정방향: 공정한 분배, 배품, 균등한 인맥 대우, 공평함으로 인한 이익
◎ 역방향: 불공정함, 인색함, 인색함으로 인한 인간관계의 틀어짐

47. Seven of sword(일곱 개의 펜타클)

정방향

역방향

일곱 개의 펜타클 카드입니다.

① 남자의 동작을 보면 분류가 힘들지만, 나뭇잎에 걸려있는 노란 펜타클을 보면 마치
나무에 열린 열매 같습니다. 나무에 열려있는 펜타클 열매에 집중해서 1번으로 분류
하겠습니다.

② 이 사람은 농부로 보입니다. 그리고 농사를 짓다 말고 앞에 있는 것들을 쳐다보고 있
습니다. 고민하는 표정이라기보다는 자신이 일구어 온 결과를 보고 생각하는 느낌이
드네요. 이 남자는 지금 무슨 생각을 하고 있을까요? 자신이 이 농부라고 생각하고
문장을 한번 만들어 보세요. 저는 다음과 같은 문장을 만들었습니다. '벌써 이렇게
열매가 열렸구나! 난 참으로 열심히 했어. 이제 이것으로 무엇을 하지?' 여러분은 어
떻게 만드셨습니까? 우리도 어느 순간 과거를 돌아볼 때가 있습니다. 그때 어느새
내가 완성해 놓은 것들이 차곡차곡 쌓여 있었다는 것을 알게 되면 신기하지 않나요?
저는 이 카드를 보면 '내가 과거에 무엇을 했지?' 하는 생각에 접어들곤 합니다.

③ 키워드 문을 열면 어떤 키워드와 만나게 되나요? 수확 직전 기회가 무르익음, 계획,
내가 심은 만큼의 이익 등으로 보아 우리의 스토리와 잘 맞아떨어집니다. 내가 과거
에 해 놓은 일들이 무르익어서 결과를 낳은 경우라고 생각하시면 됩니다. 반대로 카
드가 뒤집어지면 거둘 게 없다, 파산, 계획의 실패, 기다림에 비해 실망스러운 결과,
노력한 것이 없음 등의 키워드가 보입니다. 정방향과 반대의 키워드를 기억하시면 되
겠습니다.
역방향은 그 사람과 사귀기 위해 엄청난 노력을 했지만 결국 그 사람은 다른 사람을
선택하는 안타까운 연애 상황이 그려지는 역방향 키워드입니다.

◎ 정방향: 수확, 기회가 옴, 계획, 노력에 대한 이익
◎ 역방향: 거둘 게 없다, 파산, 계획의 실패, 실망스러운 결과, 노력한 것이 없음

정방향   역방향

여덟 개의 펜타클 카드입니다.

① 펜타클이 차례대로 정렬되어 있고, 숫자도 8개로 꽤 많습니다. 남자가 열심히 일하
   는 것으로 볼 때 긍정적 느낌이 이 카드를 메우고 있기 때문에 1번으로 분류하겠습
   니다.

② 세로로 펜타클이 질서 있게 나열되어 있습니다. 위로 계속해서 올라갈 것만 같은 느
   낌입니다. 바닥에도 아직 올라갈 펜타클이 있고, 남자는 이 펜타클을 만들고 있습니
   다. 이 펜타클은 남자의 작품이겠지요? 표정만 봐도 남자는 일에 매우 집중하고 있
   음을 알 수 있습니다. 열심히, 부지런히, 이런 단어들이 떠오르는 그림입니다. 이 남
   자의 노력으로 펜타클이 달린 나무가 얼마나 큰지는 모르겠지만, 펜타클이 보이지
   않는 나무 위까지 뻗어 갈 것 같습니다.

③ 키워드를 한번 보겠습니다. 생산과 쌓아 올리는 것, 꾸준함, 노력, 세심함, 그만한 능
   력이 있는 키워드가 보입니다. 남자는 자기 일을 매우 열심히 하고 있고, 그 성과가
   그대로 보입니다. 꾸준하게 자기 일을 하면 성과를 얻게 됨을 알려주는 카드네요. 바
   로 지금 책을 읽고 있는 여러분의 모습으로 보입니다. 제1의 문을 열고 책을 덮지 않
   고 제2의 문, 제3의 문, 결국 마지막 문까지 통과한 후 자신의 연애 운을 능숙하게 보

는 여러분의 미래 모습과 닮은 카드입니다. 카드를 뒤집으면 모든 면에서 공든 탑이 무너진다는 안타까운 키워드가 보입니다. 정방향과 반대의 의미로 이해하시면 되겠습니다.

◎ 정방향: 생산과 쌓아 올리는 것, 꾸준한 노력, 세심함, 그만한 능력이 있는
◎ 역방향: 모든 면에서 공든 탑이 무너진다

49. Nine of pentacles(아홉 개의 펜타클)

정방향

역방향

아홉 개의 펜타클 카드입니다.

① 노란색이 굉장히 눈에 띄는 카드입니다. 그리고 화려한 옷 또한 이 카드를 강하게 꾸미고 있습니다. 펜타클이 풍부하게 보이고, 등장한 여성도 매우 풍요로워 보이는 것으로 1번으로 분류하겠습니다.

② 포도 넝쿨에 먹음직스러운 포도가 보입니다. 풍성한 포도와 함께 보이는 펜타클이 마치 꽃처럼 활짝 피어있습니다. 포도 넝쿨은 풍요를 상징합니다. 여성은 부유해 보이는 옷을 입고 있고요, 전체적으로 분위기는 매우 여유로워 보입니다. 주인공은 시

연애 타로카드의 정석

간적 여유를 충분히 즐기고 있는 모습으로 보입니다. 즉, 풍요, 여유, 이러한 단어가 떠오릅니다.

③ 풍요, 유흥, 여성스러움, 예술적 감각, 사냥 등의 키워드가 보입니다. 여기서 추가로 한 가지 설명을 덧붙이자면 여성의 손에 있는 이 새는 부유한 상류층만이 소유할 수 있는 새입니다. 이 새만으로도 이 카드는 부유함을 상징한다고 보시면 되는데요, 이 새는 매우 위험한 새입니다. 한 번 물리면 생명이 위태로울 수 있을 정도인데요, 그래서 보시면 이 여자는 손에 장갑을 끼고 있습니다. 손을 보호하기 위해서이지요. 이 점이 의미가 나타날 때는 카드가 뒤집혀질 때입니다. 부유하지만 위험이 있다는 뜻이겠지요? 역방향 키워드를 보면 낭비, 허세, 허영심, 과시 등의 키워드가 보입니다. 풍요가 제대로 사용되지 않았을 때 올 수 있는 위험을 생각하시면 이해가 쉬울 것입니다.

◎ 정방향: 풍요, 유흥, 여성스러움, 예술적 감각, 사냥
◎ 역방향: 낭비, 허세, 허영심, 과시

50. Ten of pentacles(열 개의 펜타클)

정방향

역방향

열 개의 펜타클 카드입니다.

① 아홉 개의 컵 카드만큼 풍요로워 보이는 모습과 행복해 보이는 등장인물들을 보며 1번으로 분류하겠습니다.

② 나이가 많은 남성분이 보입니다. 남성이 입고 있는 옷의 문양들이 화려합니다. 부와 권위를 모두 가지고 있음이 느껴집니다. 풍요를 상징하는 포도도 보이고 젊은 남자와 여자, 아이들 그리고 강아지 두 마리가 마치 부유한 집안의 완전체의 모습으로 갖춰져 있습니다. 가족들이 여유 있는 하루를 보내는 모습입니다. 건물 또한 성문을 나타내듯 문이 매우 크게 지어져 있는 것으로 보아 부유한 집이 맞는 듯합니다. 강아지의 모습 또한 이 남자를 매우 따르는 모습으로 그려진 것으로 보아 남자는 물질적인 풍요뿐만 아니라 정서적인 풍요도 가지고 있음을 알 수 있습니다. 당신은 여기서 누군가가 되어서 존재하고 싶은가요? 이 남자는 무슨 생각을 할까요? 생각이라기보다 이 남자의 감정을 읽어 보면 지금 일어나는 현상을 지켜보며 매우 뿌듯함을 느끼고 있는 것 같습니다.

③ 키워드의 상자를 열어 볼까요? 풍요, 즐거움, 축제, 많은 인맥, 인맥으로 인한 이익이라는 키워드가 보입니다. 역방향이 되면 이익에 의해 분열됨, 파벌, 인맥의 흩어짐이라는 키워드가 보입니다. 여기서 풍요를 나타내는 9개의 펜타클 카드와 크게 구별되는 것은 9개의 펜타클 카드에서는 보이지 않은 사람들이 보인다는 것입니다. 즉, 이 풍요는 혼자만의 풍요나 성과가 아니라 타인과 연결되어 있다고 볼 수 있습니다. 이 점은 비슷한 의미의 9개의 펜타클 카드와 구별되는 부분입니다.

◎ 정방향: 풍요, 즐거움, 축제, 많은 인맥, 인맥을 통한 이익
◎ 역방향: 이익에 의해 분열됨, 파벌, 인맥의 흩어짐

　　　　　　　　　　　　　　　　　　　　　연애 타로카드의 정석

2)-3 Wands 14장

정방향   역방향

'Page of wands'. 완드의 소년 카드입니다.

① 1번 긍정의 카드로 분류하겠습니다.

② 한 남자가 사막 한가운데에서 완드를 잡고 서 있습니다. 남자는 모래 위에서 묵묵히 완드에 난 새싹에 집중하고 있습니다. 시작되는 하나의 희망을 생각하는 것 같습니다. 'Page'는 늘 말했듯이 계층 중 가장 낮은 계층으로 아직 어리다고 보시면 됩니다. 무슨 일이든 미숙하고 어설픈 이미지입니다. 완드의 소년은 자신의 꿈에 대한 열정은 대단하지만, 아직 사회에 대해 잘 모르고 있고 현실감 없는 열정으로 인해 실수하기가 쉽습니다. 그러나 호기심이 많으며 넘치는 에너지와 잠재력을 가지고 있습니다. 즉, 호기심과 넘치는 에너지를 가진 소년이라고 생각하시면 되겠지요? 우리가 늘 처음 일을 만날 때 가지는 마음가짐 상태라고 생각하시면 됩니다. 지금 소년이 밟고 있는 땅도 아직은 비옥하진 않지만 이후 어떻게 변할지는 이 소년에게 달려있겠지요.

③ 키워드 버튼을 한번 눌러 봅시다. 정방향의 버튼을 먼저 눌러보겠습니다. 어설프지

만, 열정적인, 시작하는, 호기심이 많은, 활동적인 등의 키워드가 나옵니다. 이제 역방향의 버튼을 눌러보겠습니다. 정방향에서의 긍정의 의미가 빠진, 어설픈, 주의가 필요한, 마음만 앞서는, 잘 알지 못하는 등의 키워드가 나왔습니다.

◎ 정방향: 서툴다, 서툰 평가, 자신이 모르는 새로운 것을 해야 하는 입장, 정보가 부족함, 좋은 시도, 시작하는 단계
◎ 역방향: 서툰 시도, 오만한 평가, 미숙한 행동, 주의가 필요한 행동

52. Knight of wands(완드의 기사)

정방향   역방향

'knight of wands'. 완드의 기사 카드입니다.

① 1번 긍정 카드로 분류하겠습니다.

② 완드를 든 청년이 황색 말 위에 올라타 있습니다. 말은 달리기 위해 날뛰고 있으며 기운이 넘쳐 보입니다. 완드의 소년이 성장했다고 보면 됩니다. 소년보다 사회에 대해 더 많이 알며 실수도 적습니다. 말의 두 발이 땅에서 떨어져 있는 것으로 앞으로 전진하고 있는 모습입니다. 표정은 매우 자신감이 있어 보입니다. 소년에게서 찾아보기

힘들었던 용맹함과 적극성이 기사 카드에서 보입니다. 반가운 일입니다.

③ 키워드를 보니 능숙함과 행동력, 자기 일을 해 나감, 도전과 성공의 키워드가 보입니다. 역방향에서는 지나친 자만심에 의한 실패, 행동력의 부족, 실력 부족 등의 키워드로 의미 해석을 하시면 되겠습니다. 역방향에서는 아직 소년의 티를 벗지 못한 의미로 이해하시면 쉬울 것 같습니다.

◎ 정방향: 능숙함과 행동력, 자기 일을 해 나감, 도전과 성공
◎ 역방향: 자만심에 의한 실패, 행동력의 부족, 실력 부족

53. Queen of wands(완드의 여왕)

정방향   역방향

'Queen of wands'. 완드의 여왕 카드입니다.

① 1번 긍정 카드로 분류하겠습니다.

② 그림을 보면 여왕은 옥좌에 앉아서 당당하게 주위를 살피고 있습니다. 완드의 코트 카드를 보면 노랗거나 주황색에 가까운 옷을 입고 있는데, 그것은 완드가 불의 성향이라는 것을 나타냅니다. 그녀의 옷차림, 해바라기, 여왕의 왕관, 피라미드 그리고 등

받이에 있는 사자가 모두 노랗게 표현되어 있는데요. 모두 태양의 밝은 의미를 가지고 있다고 보시면 됩니다. 여기서 카드에 대한 재미를 더하기 위해 중간에 있는 고양이도 한번 보겠습니다. 검은 고양이는 중세 시대에 악마나 마녀의 상징이었는데요. 여기서는 그녀의 힘이 남자의 힘을 넘어섰으며 엄청난 힘을 뿜내고 있음을 뜻한다고 보면 됩니다. 컵의 여왕과 펜타클의 여왕이 가지고 있는 매우 여성적이고 부드러운 부분이 조금 결여되어 있다고 생각할 수 있습니다. 또 하나 재밌는 것은 다른 여왕 카드는 옆모습을 보이는 반면에 완드의 여왕은 앞모습을 당당하게 드러내고 있다는 점입니다. 느끼셨나요? 이는 완드의 여왕의 힘이 막강하다는 것을 나타냅니다. 이제 그녀가 쉽게 이해되지요?

③ 멋있는 완드 여왕의 키워드를 살펴보니 모든 면에서 원숙해 나가는 과정, 자신의 안정된 입지 키워드가 보입니다. 여기에 제가 몇 가지 추가한다면 성공한, 지배욕이 강한, 권력이 있는 등의 키워드도 함께 가지고 가시면 의미 해석에 도움이 되실 것입니다. 반대로 카드가 역으로 뒤집어지면 모든 면에서 옹졸하다, 자신의 자리가 불안정하다, 포용력이 없는, 너무 지배적인 등의 키워드로 보시고 이해하시면 되겠습니다. 강한 만큼 역방향의 부정의 의미가 더 강하겠지요.

◎ 정방향: 모든 면에서 원숙해 나가는 과정, 자신의 안정된 입지, 성공한, 지배욕이 강한, 권력

◎ 역방향: 옹졸함, 자신의 자리가 불안정하다, 오지랖, 부족한 포용력, 지나치게 지배적인

연애 타로카드의 정석

정방향   역방향

'King of wands'. 완드의 왕 카드입니다.

① 1번 긍정 카드로 분류하겠습니다.

② 완드의 왕은 뭐든지 할 수 있는 권력이 있으며 이미 자신이 하고 싶은 것을 이룬 인물이라고 합니다. 왕은 완드를 잡고 어딘가로 시선을 향하고 있습니다. 한 곳을 바라본다기보다는 넓게 바라보고 있습니다. 이는 그가 모든 것을 다 이뤘고 남은 열정은 계속 그 일에 쏟겠다는 의지를 보여 줍니다. 즉, 페이지와 기사가 열정의 완성을 위해 달렸다면 이미 그 완성을 경험한 왕은 완성의 지속과 영원성을 유지하기 위해서 힘을 쓸 것임을 보여 줍니다. 한마디로 정리하자면 정열적이며 경험이 많고, 노련합니다. 또한, 권력을 이미 다 얻은 최고의 왕입니다.

③ 키워드는 권력과 쟁취, 성공과 완성 키워드가 보이고요, 추가하자면 열정적인, 쟁취적인 키워드도 함께 기억하겠습니다. 반대로 역으로 뒤집어지면 왕의 긍정적 힘을 제대로 발휘하지 못한다고 보시면 됩니다. 실패와 추락, 부족함이라는 키워드가 보이고요, 좀 더 설명하자면 독단적인 성격으로 권력을 제대로 발휘하지 못함에서 오는 실패라고 보시면 됩니다.

55. Ace of wands(하나의 완드)

정방향   역방향

'Ace of wands', 하나의 완드 카드입니다.

① 완드를 굳게 잡고 있는 손을 보면 긍정의 의미를 담고 있는 듯합니다. 카드를 1번으로 분류해 보겠습니다.

② 구름 속에서 손이 나타나고 그 손이 완드를 쥐고 있습니다. 손에서는 빛이 밝게 빛나고 있습니다. 바닥을 보니 물이 적당히 고요히 흐르고 산도 푸르게 그려진 것으로 보아 현재 환경도 완만하다는 의미일 듯합니다. 완드에 새싹이 나 있는 것이 눈에 띄는데요. 무언가 새롭게 일어나고 시작되는 느낌입니다. 아직 꽃을 피우지는 못하였지만, 꽃을 피우기 직전 단계에 있는 것 같습니다. 여러분도 현재 새롭게 새싹을 피우고 싶은 일이 있습니까? 무엇인지 궁금하네요. 이 카드와 같은 굳은 신념으로 시작한다면 새싹이 반드시 피어날 것입니다.

③ 일의 시작, 완벽한 준비, 새로운 일, 나의 충분한 일의 능력이라는 키워드가 나왔네요. 이 카드가 역방향으로 가면 그것들이 충분하지 않다, 즉 시작과 준비가 충분하지 않다, 포기, 계획의 취소 등의 의미를 가지게 됩니다. 하고자 하는 일이 실패하거나 넌기가 놀 때의 상황늘 생각하시면 되겠습니다.

◎ 정방향: 일의 시작, 완벽한 준비, 새로운 일, 나의 충분한 일의 능력
◎ 역방향: 충분하지 않음, 포기, 부정한 일을 회피하는

56. Two of wands(두 개의 완드)

정방향

역방향

두 개의 완드 카드입니다.

① 이 남자 주인공의 상황을 쉽게 파악하기는 힘드네요. 3번으로 분류한 후 그림을 보면서 카드를 이해해 가도록 하겠습니다.

② 완드는 남자의 앞과 뒤에 놓여 있습니다. 남자는 한 손에는 완드를, 다른 한 손에는 지구본을 들고 성 밖을 쳐다보고 있는 모습입니다. 지구본을 보면 이 남자는 자신이 지금 위치한 곳이 아니라 더 먼 곳을 생각하고 있다는 것을 알 수 있습니다. 새로운

목표를 계획하거나 바라고 있는 느낌인데요, 뒤에 있는 완드는 내가 지금껏 얻은 완드, 앞의 완드는 나의 목표에 함께 할 완드, 또는 남자의 열정을 대변하는 것 같다는 생각이 듭니다. 옷의 품위를 봤을 때 낮은 직위의 사람은 아닌 듯합니다. 어느 정도 직위가 있는 사람 같습니다.

③ 키워드가 있는 문에 노크해 보겠습니다. 똑! 똑! 소식을 기다린다, 좋은 소식, 조금 늦지만, 소식이 온다 등의 키워드가 보입니다. 조금 덧붙이자면 이 남자는 이미 많은 것을 이루었지만, 다시 열정을 느끼고자 새로운 목표를 찾아갈 계획을 하는 사람입니다. 그럼 1단계로 다시 돌아가서 우리는 이 카드를 1번으로 분류할 수 있습니다. 그런데 이런 긍정의 의미가 있지만 당장 얻어야 하는 결과에 이 카드가 나왔다면 지금 당장 이루어질 수 있다고 보기는 매우 힘듭니다. 예를 들어, "남자친구랑 다투었습니다. 이번 주 안으로 남자친구에게 연락이 올까요?"라는 질문을 하고 답으로 이 카드를 뽑았을 경우 3번 분류로 해석하는 게 더 알맞을 수 있습니다. 연락이 오긴 오지만 이번 주 내에 오기는 힘들 것입니다. 이 카드는 시간이 필요함을 알려주는 카드이기 때문입니다. 지금 당장은 부정적이지만 결과는 사실 긍정이지요. 이런 카드가 결과로 나왔을 때는 해석에 어려움이 있지만, 답으로 이 카드를 얻었다면 다시 이 페이지로 돌아와서 잘 생각해 보시면 자신에게 가장 적절한 답을 얻으실 수 있을 것입니다. 이 카드가 뒤집어지면 소식이 오지 않는다, 지연된다, 불길한 소식으로 계획된 일들이 틀어지게 됨을 나타내는 키워드가 보입니다. 정방향의 반대 의미로 해석하시면 되겠습니다.

◎ 정방향: 소식을 기다린다, 먼 곳의 소식, 기다림, 좋은 소식, 조금 늦지만, 소식이 온다
◎ 역방향: 소식이 오지 않는다. 오다가 지연된다, 불길한 소식

연애 타로카드의 정석

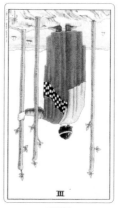

정방향   역방향

세 개의 완드 카드입니다.

① 두 개의 완드 카드와 매우 비슷한 느낌입니다. 그 느낌을 바탕으로 3번으로 분류를
   해 놓겠습니다.

② 두 개의 완드 카드에서는 남자가 어디를 보고 있는지 알 수 없는 옆면이지만, 이 카드
   는 남자가 저 멀리 바다 너머를 보고 있음을 알 수 있게 목표 점이 있습니다. 여기서
   살짝 숫자의 의미도 한번 살펴보면 이해가 더욱 쉽습니다. 타로카드를 학습하게 되
   면 수비학을 알게 되는데요, 저의 책에서는 기초적인 해석을 더욱 빠르게 하기 위해
   수비학 부분은 생략하였습니다. 그러나 여기서 한 가지만 숫자의 의미를 조금 이해
   하고 간다면 이 카드의 의미가 더욱 쉽게 이해되실 것입니다. 즉, 3이라는 숫자는 1과
   2의 결합으로 최초의 완성수입니다. 4가 되면 완성이 되는 거죠. 시작하는 의미의 1
   과 결합이 되는 숫자 2가 뭉쳐서 4라는 완성을 만들기 전에 3이라는 숫자를 만들어
   냅니다. 남자 옆에는 세 개의 완드가 있습니다. 자세히 보시면 그 완드에 핀 새싹도
   세 잎입니다. 재미있지요? 아주 조그맣게 그려진 배도 세 척입니다. 이 카드에서는 숫
   자의 의미가 크기에 여기서 한번 짚어보았습니다. 즉 2개의 완드에서 좀 더 진행되
   어 일의 발전이 시작되고 있습니다. 점점 완성으로 다가가는 단계이지요. 다부지게
   완드 하나를 잡고 있는 남자의 뒷모습은 뭔가 큰 꿈을 꾸는 듯합니다. 더 뒤에 있는

두 개의 완드는 남자가 이미 이루어놓은 일들인 것 같습니다. 모든 요소가 완성을 향해 가는 과정으로 보입니다.

③ 키워드 상자를 열어보니 부족한 하나를 기다리는(완성을 뜻하겠지요?), 소식, 사람을 기다린다, 기다리면 해결되는 것이라는 키워드가 보이고요, '남자의 내면까지 보고 성공을 꿈꾸는'이라는 키워드도 하나 추가하겠습니다. 처음 보았을 때는 알 수 없는 심정의 남자의 뒷모습이었지만 이제 남자의 뒷모습만 보고 우리는 남자의 생각을 읽을 수가 있습니다. 카드가 역으로 뒤집어지면 시기가 맞지 않는다, 준비가 부족하다, 때를 놓쳤다, 한 가지를 더 준비하라(숫자 4의 의미인 완성으로 가기 위해 부족한 것을 제안해 줍니다)는 키워드로 카드를 이해하시면 되겠습니다.

◎ 정방향: 부족한 하나를 기다리는, 소식, 사람을 기다림, 기다려야 해결되는 것
◎ 역방향: 시기가 맞지 않는다, 준비가 부족하다, 때를 놓침, 한 가지를 더 준비하라

58. Four of wands(네 개의 완드)

정방향   역방향

네 개의 완드 카드입니다.

① 어떤 고민 없이 1번으로 분류하겠습니다.

② 4라는 숫자를 다루었더니 네 개의 완드가 더욱 의미 있게 다가옵니다. 숫자 4는 안정과 질서, 완성을 뜻하는데요, 양쪽에 균형을 이루고 서 있는 네 개의 완드가 전체석으로 카드가 안정적인 느낌이 들도록 도와줍니다. 또한, 완드 위에 걸려있는 많은 꽃과 포도송이만 보아도 좋은 일들이 상상됩니다. 붉은 지붕의 견고하게 지어진 듯한 성이 보이고요. 주변 사람들도 뭔가 신나는 일이 있는 듯 모여 있습니다. 중앙의 두 사람은 극도로 이 분위기를 즐기고 있습니다. 뭔가 기쁜 일이 생긴 것 같습니다. 저에게는 결혼식도 연상되는 카드입니다. 완성, 이런 단어도 연상이 됩니다. 여러분도 저처럼 연상되는 모든 단어를 그냥 생각해 보시면 됩니다. 무엇보다 카드를 처음 보았을 때 여러분의 직관과 상상이 가장 중요합니다.

③ 키워드를 살펴보니 가정 또는 조직을 이룬다, 일이 자리 잡는다, 안정권에 들었다, 가정의 의미 등의 키워드가 보입니다. 숫자 4의 의미가 그대로 전달되는 키워드입니다. 이제 3을 넘어 4의 완성과 안정의 시기로 들어왔습니다. 이 카드가 역방향이 되면 내 터전이 불안정해진다, 영역이 깨진다, 불안함 등의 키워드가 되어 정방향의 완성과 안정과 질서를 무너뜨리고 있습니다. 정방향과 반대의 의미로 이해하시면 되겠습니다.

◎ 정방향: 가정 또는 조직을 이룬다, 일이 자리 잡는다, 안정권에 들어감, 필드가 조성되었다, 행복한 가정을 이룸
◎ 역방향: 내 터전이 불안정해지다, 영역이 깨진다, 불안함, 가정불화

정방향

역방향

다섯 개의 완드 카드입니다.

① 카드에서 화목한 분위기가 아닌 살벌한 분위기가 느껴지는데요, 이러한 느낌으로 카드를 2번으로 분류하겠습니다(2번으로 분류했지만, 항상 부정으로 해석하지는 않는다는 점을 생각해 주세요).

② 5명의 사람이 5개의 완드를 들고 있습니다. 서로에게 완드를 겨누는 느낌이지요? 다툼이 일어난 듯합니다. 바르지 않는 땅의 굽어짐으로 보아 현재 상태가 안정적이지 않고 갈등이 일어나고 있음을 감지할 수 있습니다. 여기서 내가 한 명이 되어 이 그림 속에 있다면 나는 어떤 느낌일까요? 여기에 합류하고 싶지 않더라도 함께 완드를 겨누지 않으면 위험하다는 생각이 드는데요. 이 카드에서는 현대사회에서 경쟁하는 우리의 모습이 보입니다. 경쟁, 라이벌, 투쟁이라는 단어가 딱 어울리는 카드입니다.

③ 키워드를 펼치니 직접적인 경쟁, 내 터전이 없는 상태에서 싸운다, 일에 관한 경쟁, 고달프지만 승리 가능성이 높다 등의 키워드가 보입니다. 힘든 여정의 싸움이 느껴집니다. 질문에 따라 결과를 다소 긍정의 의미로 해석할 수 있겠으나 여의치 않은 상태임은 알고 있어야 할 것 같습니다. 이 카드가 뒤집어지면 암투, 패배한다, 쓸데없는 경쟁이다, 뒷담화, 왕따 등의 키워드가 있습니다. 싸움도 힘들지만 결국 패배하게 되

는군요. 정방향에서는 경쟁이 힘들더라도 결국 충분히 이겨낼 수 있는 긍정의 의미도 담고 있다면 역방향에서는 경쟁에서 힘만 빼고 상처만 남는 싸움이 될 것입니다. 여애 질문에서 나오지 않기를 바라야겠습니다. 여기서 이 카드를 더 이해하기 쉽게 예시를 하나 들어보겠습니다. 좋아하는 남자가 있는데 이 남자와 사귀고 싶다는 한 여자가 있습니다. 타로 마스터가 점괘를 뽑아줍니다. 답은 사귈 수 없다고 나왔길래 그 이유를 타로 마스터가 찾아줍니다. 그 이유의 카드로 이 카드가 나왔습니다. 그럼 이유가 뭘까요? 바로 경쟁자가 너무 많다는 것입니다. 즉, 남자는 다른 여자를 좋아하고 있거나, 아니면 주변에 여자들이 많아서 현재는 선택하지 않을지도 모른다, 이런 결론을 내릴 수가 있겠습니다. 이런 사람을 좋아하게 되면 정말 골치가 아프고 마음도 아프겠죠?

◎ 정방향: 직접적인 경쟁, 일에 관한 경쟁, 터전이 없는 싸움, 힘들지만 승리 가능성은 있다
◎ 역방향: 암투, 패배하다, 쓸데없는 경쟁, 뒷담화, 따돌림. 승리에서 진다

60. Six of wands(여섯 개의 완드)

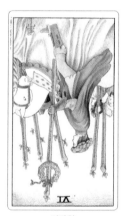

| 정방향 | 역방향 |

여섯 개의 완드 카드입니다.

① 화려하게 장식된 백마와 월계관으로 보아 긍정의 의미인 것 같습니다. 주변의 사람들도 그를 매우 반기는 모습입니다. 기분 좋은 카드이지요. 1번으로 분류하겠습니다.

② 남자는 말을 타고 어디론가 가고 있네요. 남자의 머리에는 승리를 나타내는 월계관이 씌워져 있고, 남자가 들고 있는 완드에도 월계관으로 장식한 것으로 보아 큰 승리를 한 것 같습니다. 사람들은 그에게 길을 비켜주듯 옆에 늘어서 길을 열어 주는 느낌입니다. 완드를 들고 축하하는 분위기 같습니다. 너무 기쁠 것 같습니다. 최근 한국 최초로 아카데미상을 받은 봉준호 감독님이 한국에 들어오는 모습이 바로 이런 모습이 아닐까 하는 상상을 해 봅니다.

③ 키워드의 문을 열어보니 새 출발, 의견 통합, 개척, 권위, 일에 대한 승리라는 키워드가 보입니다. 월계관의 의미를 더 부각해서 성공한, 좋은 소식, 자신감이 넘치는 등의 키워드도 함께 추가해 보겠습니다. 처음 보았을 때보다 그림이 더욱 선명하게 느껴지지요? 이 카드가 역으로 뒤집어지면 정방향과 반대로 따르는 사람의 부족, 지연됨, 실패, 중단 등의 키워드로 이해할 수 있습니다. 자신감이 부족한, 좋지 않은 소식도 해당할 수 있겠습니다.

◎ 정방향: 새 출발, 의견 통합, 개척, 준비 후 출발, 권위, 일에 대한 승리
◎ 역방향: 따르는 사람의 부족, 지연됨, 실패, 일의 중단, 좋지 않은 소식, 자신감이 부족한

연애 타로카드의 정석

정방향   역방향

일곱 개의 완드 카드입니다.

① 남자는 방어를 하듯이 완드를 바닥으로 내리치는 동작을 하고 있습니다. 남자의 표정과 행동으로 볼 때 일이 순탄하게 흐르고 있지 않음을 알 수 있습니다. 그러나 남자가 이 상황을 어떻게 대처하는지 알기가 쉽지 않지요. 알 수 없는 복잡함에 3번으로 분류해 보겠습니다.

② 6개의 완드가 땅 위에서 솟아나는 느낌입니다. 그리고 남자는 힘을 다해 두 발을 땅에 고정하고 하나의 완드를 바닥으로 내리치는 듯한 동작을 취합니다. 방향은 바닥이라기보다는 솟아나는 완드를 향해 내리치는 모습입니다. 저는 이 카드를 보면 두더지 게임이 떠오릅니다. 솟아나는 두더지들을 막대기로 내리쳐서 다시 들어가게 하는 게임이 떠오릅니다. 즉, 올라오는 것은 나를 방해하는 것이고 내 임무는 그것들을 올라오지 못하도록 방어하는 것이지요. 어떤 문장이나 단어가 떠오르시나요? 내 것을 뺏기기 싫다, 내 것을 지키고 싶다. 이런 문장이 저는 떠오르는데요. 여러분도 하나의 문장을 만들어 3단계로 넘어가 봅시다.

③ 키워드를 보니 자리를 지킨다, 방어라는 키워드가 보입니다. 우리의 생각대로 남자는 자신의 자리를 지키기 위해서 방어하는 모습이 맞군요. 남자는 자신의 행동으로

자리를 지키게 된다는 의미로 해석하시면 되겠습니다. 그렇다면 1단계로 다시 돌아가서 카드를 1번으로 분류하겠습니다. 1번으로 분류하였지만, 지금 남자의 상황은 힘들어 보이는 게 맞습니다. 그래서 이런 카드가 답으로 나온다면 좀 더 미래를 보고 해석하시는 게 좋습니다. 즉, 지금은 지키지 못할 것처럼 보이지만, 힘겹게 지켜낸다는 식으로 말이에요. 이 카드가 뒤집어지면 역방향으로 혼자서 지키기 어렵다, 방어의 실패, 과도한 공격을 받고 있다, 왕따 등의 키워드를 볼 수 있습니다. 즉, 자신의 행동이 실패하게 되는 모습으로 부정적인 의미로 변하는 것을 알 수 있습니다.

◎ 정방향: 자리를 지킨다, 방어
◎ 역방향: 혼자서 지키기 어렵다, 방어의 실패, 과도한 공격을 받음, 따돌림

이 카드가 조금 어려우니 연애 질문으로 다루어 보고 넘어가 보기로 하겠습니다. "좋아하는 사람이 있고, 데이트도 여러 번 했다, 그러나 남자는 거절하지는 않는데 그렇다고 먼저 연락하거나 적극적이지는 않다. 그 이유가 뭘까요?"라는 질문을 받았을 때 답으로 이 카드가 나왔다면 해석은 어떻게 하면 될까요?

남자는 지금 방어하고 있는 거겠죠? 이런 경우는 남자가 이전의 연애 경험에서 상처를 받아서 여자를 쉽게 못 믿는다거나, 현재 자신의 상황(직업, 또는 돈)이 좋지 않아서 연애가 사치로 느껴지거나, 여자가 자신보다 월등하다고 느끼거나 등 실제로 마음은 있지만 상처받지 않기 위해서 자신을 방어하고 있기 때문입니다. 이런 연애가 진행 중이라면 조급해하지 말고 시간을 두고 지켜보는 것이 중요하겠습니다. 많은 연애에서 실패는 상대의 마음을 뺏으려는 데서 일어납니다. 마음은 뺏는 것이 아닙니다. 마음은 얻는 것도 아닙니다. 마음은 따뜻해지는 것입니다. 나를 보고 따뜻해지는 것입니다. 온도를 올리는 일은 굉장히 어려운 일입니다. 왜냐면 이 온도는 아주 서서히 따뜻해지기 때문이지요.

갑자기 확 오른 온도는 정확하게 갑자기 확 내려갑니다. 내가 어떻게 노력해서 상대와 사귀어서 연애를 시작했다고 하더라도 연애의 시작이 중요한 것이 아니라 나와 너의 마음의 온도가 따뜻히게 게속 유지되는 것이 중요합니다. 그리고 이것보다 더 중요한 것은 상대의 마음의 온도가 좀처럼 올라가지 않는다면 반드시 멀어져 주어야 한다는 것입니다. 집착이 그것을 막아서 우리는 연애로 인해 아프고 괴롭고 힘이 들지요. 한두 번의 이러한 경험은 우리에게 연애, 사랑에 대한 큰 깨달음이 되지만, 여러 번 반복적일 때는 우리의 습관이 되어 연애 상대만 바뀌고 나는 계속해서 나에게 온도가 올라가지 않는 이성을 붙잡고 불안해하는 행위를 반복하게 됩니다. 내 상대를 볼 때는 마음의 온도를 꼭 기억해 주세요. 나는 이 상대를 보고 마음의 온도가 올라가는가? 상대는 나를 보고 마음의 온도가 올라가는가?

62. Eight of wands(여덟 개의 완드)

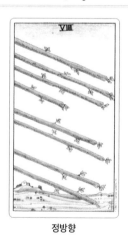 

정방향   역방향

여덟 개의 완드 카드입니다.

① 많은 완드만 보여서 분류가 힘듭니다. 이 카드의 본래 의미를 미리 살펴보고 1번 긍정의 카드로 분류하겠습니다.

② 여덟 개의 완드가 위에서 바닥으로 쏟아지고 있습니다. 마치 위에서 누군가가 완드를 던지는 모습입니다. 한 방향으로 향해 있는 것으로 보아 하나의 목적을 위해서 쏜 살같이 날아드는 모습으로 보입니다. 저 완드를 잡기 위해서는 서둘러야 할 것 같은 느낌이 듭니다. 중간에는 어떤 방해물도 보이지 않습니다. 뭔가 빠르게 진행되는 느낌입니다. 그림으로는 의미를 분석하는 데 약간의 부족함이 있기에 제가 설명을 덧붙이자면 방향과 속도감을 볼 때 일관성 있게 쭉 밀고 나간다면 좋은 결과가 있을 것이라는 의미로 보시면 되겠습니다. 이 일을 할까? 말까? 망설일 때 결과 카드로 이 카드가 나온다면 지금 바로 빠르게 진행한다면 좋은 결과를 얻을 것이라고 해석하시면 되겠습니다.

③ 그럼 키워드의 집으로 들어가 볼까요? 속도전, 빠른 행동으로 대처하라, 모든 질문에서 빠르게 대처하면 긍정적인 결과를 얻는다, 단기라는 키워드를 만나실 수 있습니다. 첫눈에 반해 서로 쏜살같이 사랑의 뜰로 뛰어 들어가는 남녀의 모습이 상상되네요. 굉장히 속도가 빠른 연애의 모습을 상상하면 이해하기가 쉽겠군요. 이 카드가 뒤집어지면 게으름, 지각, 시기를 놓친다, 지연된다, 모든 질문에서 지연으로 인한 부정적 결과를 얻는다는 키워드를 통해 정방향 키워드의 부정적인 의미로 이해하시면 되겠습니다.

◎ 정방향: 속도전, 빠른 행동으로 대처하라, 빠른 대처로 인한 긍정적인 결과, 단기
◎ 역방향: 게으름, 지각, 시기를 놓친다, 지연된다, 지연으로 인한 부정적인 결과

정방향　　　　　　　　역방향

아홉 개의 완드 카드입니다.

① 여덟 개의 완드는 땅에 꽂혀있고 한 남자가 하나의 완드를 들고 서 있습니다. 남자는 꽂혀있는 완드들을 바라보고 있고, 추측해 보면 이 여덟 개의 완드는 이 남자가 해낸 결과들인 듯합니다. 부정적 의미가 보이지 않기에 1번으로 분류해 보겠습니다.

② 남자의 표정이 조금 눈에 들어옵니다. 기뻐하는 모습보다는 피곤해 보이는 모습입니다. 여덟 개의 완드를 얻기 위해서 애를 쓴 느낌입니다. 하나의 완드를 손에 들고 있는 것으로 보아 결과를 얻었구나 하는 상상을 하게 됩니다. 그러나 그림 속에서 한숨 소리가 나올 것 같은 느낌입니다. 3단계에서 의미를 확실하게 알아보겠습니다.

③ 키워드 창문을 열어봅시다. 기진맥진, 겨우 해냄, 과도한 업무를 해결하다, 비참한 승리, 겨우 지켜내다 등의 키워드를 볼 수 있습니다. 우리가 예측한 대로 힘들게 성과를 얻은 의미이네요. 이 카드가 뒤집어지면 예상할 수 있듯이 힘들었지만 성과 또한 얻지 못한 결과가 예상되는데요. 완전한 패배, 일을 수행해내지 못하다, 여러 가지 일에 치여 포기하다, 비참한 패배, 지켜내던 도중에 포기하다 등의 이루지 못한 일에 대해 말해 주고 있습니다. 열심히 하지만 결과가 나오지 않음을 나타낸다는 의미로 해석하시면 되겠습니다.

64. Ten of wands(열 개의 완드)

정방향

역방향

열 개의 완드 카드입니다.

① 보기만 해도 버거워지는 그림이지요? 2번으로 분류해 보겠습니다.

② 한 남자가 열 개의 완드를 끌어안고 어딘가로 가고 있습니다. 누가 봐도 버거워 보이지요? 완드에 얼굴을 깊이 파묻고 가는 남자의 뒷모습을 보면 안쓰럽기까지 합니다. 이 시대를 살아가는 가장의 모습을 가장 잘 표현한 그림이지 않을까 하는 생각이 듭니다. 그런데 눈에 띄는 것은 편평하고 밝은색의 땅과 멀리 보이는 밝아 보이는 집들입니다. 지금은 매우 힘들지라도 조금만 더 가면 곧 맞이할 밝은 미래가 있다는 메시지 같습니다.

③ 키워드를 보면 인생의 짐, 나 혼자 감당해야 한다, 도움을 받을 수 없다는 키워드가 보입니다. 키워드와 그림을 쉽게 이해할 수 있어서 의미 해석이 어렵지 않습니다. 이

카드가 뒤집어지면 어떻게 될까요? 고통에서 벗어나다, 조력자를 얻을 가능성이 있다, 반대로 극악의 부정이라는 키워드가 보입니다. 두 가지 키워드는 긍정의 의미가 보이지만, 미지막 키워드는 정방향에서 더욱더 극한의 부정을 의미하는데요. 이것은 질문자의 현재 상황에 따라 의미 해석을 해 주어야 하는 부담이 있지만, 여러분의 직관에 집중하여 여러 번 반복해서 연습한다면 충분히 가능합니다. 여러분은 할 수 있습니다.

◎ 정방향: 인생의 짐, 나 혼자 감당해야 함, 도움을 받을 수 없다
◎ 역방향: 자신의 고통에서 벗어나다, 조력자를 만날 가능성이 있다, 최악일 경우 더 깊은 고통으로 들어갈 수 있다

지금까지 우리가 만져보고 살펴본 카드가 무려 64장입니다. 이제 14장의 카드가 우리에게 남았습니다. 지금까지 수고하셨고 숨을 깊게 한 번 들이마시고 천천히 내쉰 뒤에 다음으로 넘어가 보겠습니다.

2)-4 Swords 14장

65. Page of swords(검의 소년)

정방향

역방향

'Page of swords'. 소드의 소년 카드입니다. 이후 sword는 검 또는 소드로 표기하겠습니다.

① 1번 긍정 카드로 분류하겠습니다.

② 한 소년이 양손으로 칼을 움켜쥐고 있습니다. 그는 언제라도 휘두를 수 있게 검을 쥐고 주위를 보고 있습니다. 'Page'는 이제 막 무언가를 시작한 사람이며 아직 미숙하고 경험이 적어서 어설픈 이미지입니다. 'swords'의 요소는 도전적이며 정신적인 것에 관여하는 원소로써 관찰력과 사고력에 관여합니다. 'Page of swords'는 사고력이 뛰어나 판단력이 좋지만, 다소 냉정하고 계산적인 면이 있습니다. 자기 목표가 뚜렷하고 그것에 대해 적극적으로 밀고 나갈 줄 아는 성격의 소유자입니다. 언제든지 검을 휘두를 자세를 보이는 모습이 그러한 적극성을 보여 줍니다. 그러나 칼을 잡은 자세나 표정 등에서 조금의 미숙함이 보입니다.

③ 키워드를 한번 볼까요. 명예를 위한 서툰 시도, 서툰 도전, 배운 대로 시도하는, 지혜가 부족한 용기 등의 키워드가 있습니다. 카드를 역으로 뒤집으면 부족한 자신을 과도하게 믿는(자신의 서투른 모습은 간과하고 있다는 의미입니다), 준비가 부족한 도전, 도전의 실패의 의미를 가지고 있습니다.

> ◎ 정방향: 명예를 위한 서툰 시도나 서툰 도전, 타인의 조언이 필요한 도전, 완성되지 않은 명예와 기술, 지혜가 부족한 용기
>
> ◎ 역방향: 부족한 자신을 과도하게 믿는, 준비가 부족한 도전, 타인의 조언을 듣지 않는, 도전의 실패, 부족한 지혜

정방향   역방향

'Knight of swords'. 검의 기사 카드입니다.

① 1번 긍정 카드로 분류하겠습니다.

② 그림 속의 기사는 백마를 타고 진격하는 모습입니다. 그의 모습은 용맹해 보이며 진취적입니다. 백마의 다리의 방향과 바람에 날리는 기사의 망토, 나무의 흔들림을 보면 속도가 매우 빠르다는 것을 감지할 수 있습니다. 검을 하늘 높이 들고 달리는 이 기사를 보면 어떤 단어가 떠오르시나요? 활동력, 적극적, 저돌적, 용기 이러한 단어가 떠오릅니다. 여러분도 생각나는 단어들을 키워드를 보기 전에 종이에 한번 적어 보세요.

③ 키워드를 보겠습니다. 자신의 신념으로 일을 해나가야 한다, 도전, 빠른 진행, 용기 등의 키워드가 보입니다. 제가 여기서 설명을 더 붙이자면 'Knight of swords'는 상황을 냉철하게 판단하고 두뇌가 뛰어난 편입니다. 하지만 행동파라서 무모하게 일을 진행하는 편입니다. 쉽게 말해 유아독존적인 성향을 가지고 있는데요, 그림으로 충분히 그러한 성격이 잘 나타나는 것 같습니다. 카드를 역으로 뒤집으면 이러한 성격의 단점들이 나오겠지요? 신념을 잃어버린, 오만으로 인해 실패할 도전, 과도한 용기와 자만 등의 키워드로 역방향의 의미를 이해하시면 되겠습니다. 설명을 한 가지 덧붙

이자면 무모하게 자기 뜻을 밀고 나가기 때문에 언쟁이나 다툼이 끊이지 않는 단점이 역방향에서는 두드러집니다.

◎ 정방향: 자신의 신념으로 일을 진행함, 도전, 충분한 경험과 지혜, 빠른 진행, 용기, 현실적인 판단

◎ 역방향: 신념을 잃어버린, 오만으로 인해 실패할 도전, 과도한 용기와 자만, 시작하지 못하는, 중도 포기

67. Queen of swords(검의 여왕)

정방향

역방향

'Queen of swords'. 검의 여왕 카드입니다.

① 1번 긍정 카드로 분류하겠습니다.

② 여왕이 검을 들고 옥좌에 앉아 있습니다. 그녀는 자신의 옆모습을 보인 채로 앉아 있습니다. 지금까지 저희가 살펴본 컵의 여왕과 펜타클의 여왕에게서 느껴지는 여성적이고 부드러운 모습이 느껴지기보다는 단호하고 권위적인 느낌이 듭니다. 조금 더 설명을 추가하자면 보통 검은 남성이 드는 것으로 생각되지만, 여기서는 여왕도 검

을 들고 있습니다. 그 의미는 여성 스스로 자신의 옥좌를 지킨다는 의미를 가지고 있습니다. 자기 스스로가 자신의 자리를 지켜야 하므로 그녀는 외롭지만, 자신의 감정을 내보이지 않고 이성적으로 일을 처리하려고 노력하며 냉정하고 강한 이미지를 지니고 있습니다.

③ 키워드를 보니 안정적인 명예와 권력, 포용력이 강조된 권력의 키워드가 보입니다. 여기에 제가 덧붙인 설명에서도 키워드를 뽑아 본다면 성공한, 결단력이 있는, 강한 의지, 독립적이라는 키워드도 함께 알아두시면 좋겠습니다. 카드가 뒤집어지면 이 주인공의 강점을 제대로 사용하지 못하게 됩니다. 불안정한 명예와 권력, 겉으로만 성공한, 자비롭지 못한, 추락해 가는 명예 등의 키워드와 함께 역방향을 이해하시면 되겠습니다.

◎ 정방향: 안정적인 명예와 권력, 성공의 중간 단계, 어머니의 입장, 가장의 보조적인 역할
◎ 역방향: 불안정한 명예와 권력, 겉으로만 성공한, 자비로움이 없는, 권력의 남용, 명예의 추락

68. King of swords(검의 왕)

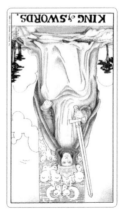

정방향   역방향

'King of swords'. 검의 왕 카드입니다.

① 1번 긍정 카드로 분류하겠습니다.

② 남성이 자신의 옥좌에 앉아서 한 손으로 검을 들고 있습니다. 그의 옥좌에는 나비 장식이 되어 있으며 그는 검을 살짝 삐뚤게 들고 있습니다. 왕은 궁정에서 가장 영향력이 큰 인물이며 권위적인 인물입니다. 왕과 소드가 만난 소드 왕은 권력적이며 자신의 주장을 펼치는 것에 망설임이 없는 인물입니다. 이들은 지도자적인 모습으로 상대를 이끌고, 이들의 특징은 이성적인 판단입니다. 이성적으로 생각하고 판단력이 뛰어나며 냉철하게 행동하는 사람입니다. 약점도 있겠지요? 바로 이성이 뛰어난 만큼 감성이 결핍되어 있어서 다른 사람들과 소통이 잘 안 되기도 하며 공감 능력이 부족하다는 점이 있습니다.

③ 키워드를 볼까요? 성공, 명예와 권력의 성취, 충만한 힘, 가장의 위치 등의 키워드가 보이고요. 여기에 한 가지 더 추가한다면 '자존심이 강한'이라는 키워드도 함께 넣어보겠습니다. 카드의 역방향은 이러한 긍정적인 것들이 작용하지 않겠지요? 바로 실패, 추락, 명예의 실추, 권력의 오남용 등의 키워드와 함께 연결해서 카드를 이해하시면 되겠습니다.

◎ 정방향: 성공, 권력의 성취, 충만한 힘, 아버지의 입장. 가장의 위치
◎ 역방향: 실패, 추락, 높아진 만큼 떨어질 때 그 깊이가 깊다, 명예의 실추, 권력의 오용, 거짓 명예

연애 타로카드의 정석

정방향   역방향

'Ace of swords', 하나의 소드 카드입니다.

① 단호하게 검을 쥐고 있는 모습과 카드 속에 존재하는 사물들을 볼 때 긍정의 의미가 있음을 알 수 있지요? 1번으로 분류하겠습니다.

② 하나의 손이 검을 굳게 잡고 있습니다. 검은 관을 쓰고 있고, 바닥에는 산이 보입니다. 관을 쓰고 있는 검을 손으로 잡다, 즉 뭔가 큰일을 해서 무엇인가를 쟁취한 느낌입니다. 저기 보이는 산들과 같이 스토리를 만들어 보면 험난한 역경 속에서 이 역경을 이겨내고 무언가를 쟁취한 느낌입니다. 성공이라는 단어가 바로 떠오르는데요. 이 카드를 보고 한 문장을 만들어 본다면 "나는 해냈다." 이런 문장이 떠오릅니다. 여러분도 종이 또는 머릿속으로 문장 하나를 떠올려보세요. 제 문장은 "나는 해냈다." 입니다.

③ 키워드의 문을 여니 쟁취, 권력, 힘을 얻다, 투쟁에서 승리한다는 키워드가 보입니다. 즉, 이 카드는 승리, 쟁취, 성공, 권력, 이김 등의 의미가 있다는 것을 알 수 있습니다. 이 카드를 뒤집으면 이 검을 잘못 사용한 경우를 생각하면 되겠습니다. 권력을 잃다, 잘못된 지휘와 판단, 투쟁에서 패배 등의 키워드가 있습니다.

70. Two of swords(두 개의 검)

| 정방향 | 역방향 |

두 개의 소드 카드입니다.

① 무언가 결정이 힘든 상황임을 직감으로 알 수 있습니다. 눈을 가리고 있는 남자를 통
해서 강하게 그 느낌을 받을 수 있습니다. 그러므로 이 카드를 1번으로 분류하는 것은
힘들겠지요, 그리고 하나를 선택하지 못하는 모습에서 3번으로 분류해 보겠습니다.

② 흰옷을 입은 남자가 눈을 가리고 두 팔을 교차한 상태에서 검을 쥐고 있습니다. 지금
어떤 심정일까요? 눈을 가리고 있다는 것으로만 보아도 앞을 제대로 보지 못하고 있
거나, 보고 싶지 않다는 심리적인 상태를 읽을 수가 있습니다. 또한, 카드의 1/3을 차
지하는 물의 배경으로 보아 주인공이 이성적인 상태라기보다는 감정적인 상태라는
것을 짐작할 수 있습니다. 그리고 두 검을 통해서 아마도 두 가지의 어떤 상황에서

갈등하고 있다는 스토리를 만들 수 있겠지요? 여러분이 앉아있는 이 남자라면 지금 어떤 마음 상태일까요? 우리는 쉽게 이 남자의 정서를 느낄 수 있습니다. 왜냐하면 우리는 살면서 많은 순간에 이러한 고민 속에 빠지기 때문입니다. 이것이 맞을지, 저것이 맞을지 판단을 서지 않는 순간을 많이 접하게 됩니다. 그럴 때는 정말로 답답하지요? 나 스스로 답을 찾기가 매우 힘든 상황을 떠올린다면 카드를 이해하는 데 도움이 될 것입니다.

③ 키워드를 보면 우유부단해지다, 스스로 결정할 수 없는 상황, 어느 쪽이든 나의 의도와 상관없이 선택하다, 이러한 키워드가 보입니다. 저희가 만든 스토리와 연결되는 키워드이지요? 반대로 카드를 역방향으로 뒤집으면 결정을 강요받는 상황, 위험한 결정, 성급한 결정으로 인한 나쁜 결과. 즉, 판단을 잘못하게 되는 실수를 생각하시면 되겠습니다.

> ◎ 정방향: 우유부단해지다, 스스로 결정할 수 없는 상황, 나의 의도와 상관없이 선택이 된다
> ◎ 역방향: 결정을 강요받는 상황, 위험한 결정, 나의 중요한 것을 잃게 되는 결정, 성급한 결정으로 인한 나쁜 결과

복습할 겸 지난 카드를 살펴보면 이 카드는 어떤 카드 구조와 닮아있나요? 바로 두 개의 펜타클 카드와 닮았습니다. 광대는 두 개의 펜타클 공을 무표정으로 돌리고 있지요. 내용은 다르지만 구조가 비슷합니다. 결정에 있어서 어려움을 겪는 모습 또한 닮았습니다.

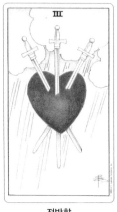
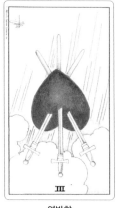

| 정방향 | 역방향 |

세 개의 소드 카드입니다.

① 처음 보는 순간 우리는 1단계에서 2번으로 당당하게 분류할 수 있습니다. 마음, 심장을 상징하는 하트에 세 개의 검이 꽂혀있는 상황은 누가 봐도 부정적인 상황을 떠올리게 됩니다.

② 구름이 보이고, 비가 내리고, 하트 모양이 보이고, 세 개의 검이 보입니다. 이 카드를 보고 처음에 떠오르는 문장은 여러분은 무엇이었습니까? 저는 "마음이 아파."라는 문장이 떠오릅니다. 카드 속에서 비가 오는 것으로 보아 비가 마치 눈물을 상징하듯 슬픔이 묻어있는 듯하고, 어두운 구름은 누군가에게 말할 수 없는 일들일지도 모른다는 상상을 하게 만듭니다. 심장은 마음, 또는 어떤 일, 검은 외부의 자극과 의무 정도로 보면 되겠습니다. 슬픔과 아픔이 느껴지는 그림입니다.

③ 키워드의 문을 여니 역시 상처받은 마음, 괴로운 심리 상태, 배신감, 세 가지의 고통이 동시에 찾아오는 상황(설상가상이라는 의미겠지요)의 키워드가 보입니다. 우리의 스토리와 잘 맞아떨어집니다. 이해하는 데 전혀 어려움이 없는 카드입니다. 역으로 뒤집으면 상처를 극복해야 한다, 타인에게 입힌 상처, 마음의 고통에서 벗어나는, 지독하게 외로움에 빠지다 등 조금은 혼란스러운 키워드가 보이지요? 즉, 이 카드는 현재

상황이 중요합니다. 현재 내가 극한 외로움에 빠져 있다면 역방향으로 이 카드가 나왔을 때는 그 외로움에서 조금은 빠져나올 수 있는 의미로 해석할 수 있고요. 내가 지금 괜찮은 상태라면 어려운 상황에 빠질 수 있다(정방향과 같은 의미)고 해석할 수 있습니다.

◎ 정방향: 상처받은 마음, 괴로운 심리 상태, 때로는 세 가지의 고통이 동시에 찾아오는 상황, 믿고 있는 이로부터의 배신
◎ 역방향: 상처를 극복해야 한다. 타인에게 입힌 상처, 지독한 외로움에 빠지다, 이전에 상처에 대해 벗어날 수 있는 기회

72. Four of swords(네 개의 검)

 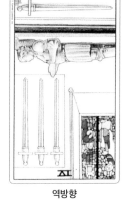

정방향   역방향

네 개의 소드 카드입니다.

① 처음 이 카드를 만나면 전혀 짐작하기 힘들 수도 있습니다. 눈에 들어오는 것은 누워 있는 사람인데 이 사람의 상태를 한 번에 짐작하기가 쉽지 않기 때문입니다. 그래서 원래의 의미를 미리 살펴보고 2번으로 분류하겠습니다.

② 갑옷을 입은 남자가 관 위에 누워있습니다. 관 속이 아닌 것으로 보아 죽음은 아니겠지요? 벽에는 검 세 개가 걸려있고, 나머지 한 개의 검은 남자 곁에 있습니다. 세 개의 검을 벽에 걸어두고 쉬고 있지만, 하나의 검은 자신과 가까이 둠으로써 위험이 처하면 대처한 준비가 엿보입니다. 창문으로 보아서 이곳은 성당 또는 교회임을 알 수 있습니다. 갑옷을 입었다는 것은 그 전에 남자는 큰일을 치른 것으로 보입니다. 이 남자는 바로 휴식을 취하고 있습니다. 아무런 미동도 없이 단지 휴식을 취하고 있습니다. 움직임이 거의 없습니다. 떠오르는 문장을 한번 만들어 봅시다. 저는 "이제 쉬고 싶다." 이런 문장이 떠오릅니다. '잠시 휴식 중'이라는 풋말과도 어울리지 않나요? Break time.

③ 키워드를 살펴보겠습니다. 휴식, 안정을 취하는, 안전한 상황에서 경계를 풀고 있는 등의 키워드가 보입니다. 우리가 만든 스토리대로 휴식기라고 생각하시면 되겠습니다. 특별한 상황을 기대할 수 없음을 알 수 있습니다. 역방향을 보면 휴식이 필요한, 안정이 요구되는 상태, 불안정한 상황 등의 키워드가 보입니다. 즉, 질문자의 마음 상태로 이 카드가 역방향으로 나왔다면 그 사람에게 안정을 취하고, 지금까지 행한 일들에서 휴식이 필요함을 알려주어야 합니다.

여기서 잠깐 다루어야 하는 부분은 휴식이나 안정을 취하는 것이 부정적인 의미가 아닌데 이 카드를 2번 부정의 카드로 분류한 것은 이 카드가 결과로 나왔을 경우, 답이 'No'일 수 있기 때문입니다. 예를 들어, "남자 친구에게 연락이 먼저 올까요?"라는 질문에 관한 결과로 이 카드가 나왔다면 답은 "연락이 오지 않는다."입니다. 전혀 움직이지 않기 때문이지요. 즉, 이 카드의 의미가 부정의 의미를 나타내는 것은 아니지만, 답으로 얻었을 경우에는 'No'이기 때문에 2번으로 분류했습니다.

◎ 정방향: 휴식, 안정을 취하고 있는, 안전한 상황에서 경계를 푸는
◎ 역방향: 휴식이 필요한, 안정이 요구되는 상태, 불안정한 상황, 위험한 상황에서 경계를 푸는

연애 타로카드의 정석

정방향   역방향

다섯 개의 소드 카드입니다.

① 이 카드는 야비해 보이는 남자의 표정과 울고 있는 남자로부터 힌트를 얻어 2번으로 분류하겠습니다.

② 세 사람이 보입니다. 가장 멀리 있는 사람은 등을 돌리고 손의 위치로 볼 때 울고 있는 느낌입니다. 그다음으로 보이는 남자도 등을 지고 카드의 뒷방향으로 발걸음을 향하고 있지요. 가장 주목할 만한 남자는 야비한 웃음을 짓고 있고 한 손에는 두 개의 검을, 다른 한 손에는 하나의 검을 쥐고 있습니다. 그리고 검 두 개는 바닥에 놓여 있습니다. 뒤의 두 명의 손에는 검이 없는 것으로 보아 빨간 옷의 남자가 저 두 사람의 검까지 모두 뺏은 건 아닐까요? 하늘의 구름 모양이 혼란스러운 모양으로 그려진 것으로 보아 등장인물들의 복잡한 정서를 표현해 놓은 듯합니다. 카드를 보고 떠오르는 단어들을 한번 나열해 보세요. 뺏고, 빼앗김, 잃음, 배신 등의 단어가 저는 떠오릅니다. 여러분도 3단계로 넘어가기 전에 떠오르는 단어를 한번 생각해 보세요.

③ 키워드의 문을 한번 열어볼까요? 이기심, 배신, 남들이 떠난 뒤 챙기는 이익, 분열과 와해, 이간질 등의 키워드가 보입니다. 여러분이 2단계에서 가지고 오신 단어들과 일치하나요? 그림 속의 느낌이 그대로 키워드로 나와 있습니다. 자신의 느낌과 키워드

와 연결해서 기억해 주시면 좋겠습니다. 카드를 역으로 뒤집으면 부정의 의미가 더욱더 깊어지네요. 자신도 모르게 당하는 배신, 내가 모르는 이익을 타인에게 뺏기는, 스스로 포기한 권리 등의 키워드가 있습니다. 정방향의 부정의 의미를 더욱 강조해서 해석하시면 되겠습니다.

◎ 정방향: 이기심, 배신, 타인을 배려하지 않는 이익, 동업이 깨짐, 조직의 분열과 와해, 이간질
◎ 역방향: 타인으로부터 자신도 모르게 당하는 배신, 내가 모르는 이익을 타인에게 뺏기는, 스스로 포기한 권리

74. Six of swords(여섯 개의 검)

정방향

역방향

여섯 개의 소드 카드입니다.

① 검들이 배에 꽂혀 있는 것으로 보아 2번의 위치에 분류하고 싶을지도 모릅니다. 그런데 이 카드는 부정적인 의미의 카드는 아니랍니다. 1번으로 분류해 두고 2단계, 3단계로 가서 자세히 살펴보면서 그 이유를 이해해 보겠습니다.

연애 타로카드의 정석

② 세 사람이 등장합니다. 사공으로 보이는 남자, 한 아이의 어머니로 보이는 여자, 그리고 이 여성분의 아들 같은 남자아이가 보입니다. 검이 배 위에 꽂혀 있고 배는 어디론가 향하고 있습니다. 사공이 노를 저어서 가고 있고요. 출렁이는 물결 모양으로 보아서 현재 이동 중임을 알 수 있겠지요? 아이와 엄마의 웅크린 모습을 보면 달갑지 않은 이동으로 보이는데 이 사람들은 어디로 향하고 있을까요? 카드를 온전히 느끼기에는 뭔가 부족한 느낌입니다. 키워드를 보면서 살펴보는 것이 좋겠습니다.

③ 어떤 키워드가 있나요? 이동, 출장, 장기간 여행, 이민, 연락과 소통, 떠남 등의 키워드가 보이네요. 이 카드는 이렇게 어디로 향하고 있고 움직이고 있기에 이동과 관련된 일을 생각하시면 쉽게 이해하실 수 있을 것입니다. 만일 어떤 질문의 답으로 이 카드가 나온다면 그 일이 그대로 진행되는 것이기에 긍정의 의미로 해석될 수 있습니다. 예를 들어, "제가 시험에 합격할 수 있나요?"라고 물었다면 정답은 "그렇다. 그렇게 될 것이다."로 해석하시면 됩니다. 반대로 "제가 시험에서 떨어지나요?"라고 물었다면 결론은 "그렇다. 떨어질 것이다." 이렇게 해석하시면 됩니다. 이 카드가 역으로 바뀌면 이동하지 못하는 상황, 고통스러운 여행, 소통되지 않는 등 부정의 의미가 됩니다.

◎ 정방향: 이동, 출장, 장기간 여행, 소식을 안고 목적지로 향하는, 연락과 소통, 삶의 터전을 옮기는, 떠나는
◎ 역방향: 이동하지 못하는 상황, 고통스러운 여행, 소식을 전하지 못하는, 소통되지 않는

75. Seven of swords(일곱 개의 검)

정방향

역방향

일곱 개의 소드 카드입니다.

① 많은 검을 손에 쥐고 뒤를 보고 웃는 남자의 표정을 볼 때 좋은 느낌이 들진 않지요? 잘 알 수는 없지만, 첫 번째는 우리의 직감으로 2번으로 분류하고 다음 단계에서 확인해 보겠습니다.

② 한 남자가 5개의 검을 가지고 있습니다. 2개의 검은 바닥에 꽂혀 있고요, 뒤에는 하나의 터전으로 보이는 텐트들이 있습니다. 어떠한 굴곡도 없이 바닥을 장식하는 황토색은 어떠한 감정도 느껴지지 않는 냉정함을 나타내는 듯합니다. 남자의 시선은 터전을 향해 있고 발걸음의 방향은 그 터전을 뒤로하고 있습니다. 남자의 표정은 뭔가 만족스러우면서도 비열한 표정으로 보입니다. 여기까지 보면 손에 들고 있는 검들이 마치 버거워 보이고, 모든 게 그 남자의 것은 아니지 않을까 하는 의심이 듭니다. 발의 보폭이 어깨보다 넓은 보폭으로 보아 어딘가로 급히 발걸음을 재촉하는 상상을 하게 만듭니다. 이 남자에게 무슨 일이 일어난 걸까요? 그리고 저 터전에는 누가 남아있을까요? 이러한 궁금증을 안고 3단계로 넘어가 보겠습니다.

③ 나의 상상이 맞았나요? 키워드를 보니 도둑질, 배신행위, 이익을 챙김, 계획된 도주, 사기꾼 등의 키워드가 보입니다. 우리가 상상한 대로 이 남자는 아마 터전에 있는 사람들의 물건을 가지고 달아나는 것이 맞는 듯합니다. 부정의 의미를 나타내는 카드이네요. 이 카드를 역으로 뒤집으면 수동태가 되어 절도의 피해를 입다, 뒷담화를 당하는, 피해를 당하는 등의 의미가 되겠습니다. 이런 카드가 결과로 나온다면 하고자 하는 일에 주의를 요하는 것이므로 나 자신이나 자신이 답해 준 사람에게 주의를 경고하거나 조언을 해 줄 필요가 있습니다.
"상대가 이것(돈, 관계, 일 등)을 요구합니다. 이 사람을 믿어도 될까요?" 답은? 당연히 이 사람은 믿으면 안 된다는 뜻이겠지요?

◎ 정방향: 도둑질, 배신행위, 자신만의 이익을 미리 챙김, 속셈이 있는 친절, 사기꾼, 계획된 도주
◎ 역방향: 절도의 피해를 입다, 뒷담화를 당하는, 믿었던 이가 나를 피해 입히는, 절도의 위험으로부터 벗어날 수 없는

연애 타로카드의 정석

이 카드에 얽힌 에피소드를 하나 다루어 보고자 합니다. 아주 사이 좋은 커플이 있었는데 어느 날 둘 사이에 싸움이 일어났습니다. 여자는 싸운 적이 없으니까 불안한 마음에 타로를 보게 되었습니다. 둘은 같은 학교의 커플이었는데 정말 사이가 좋았다고 합니다. 이렇게 싸우고 여자는 남자와 화해를 하기로 마음먹었는데, 화해 후 계속 사이가 좋을지 타로점을 보았습니다. 과거, 현재, 미래의 카드를 펼쳤는데 미래 카드에서 7개의 소드 카드가 등장했습니다. 현재 카드가 매우 좋았고, 여자분이 긍정적이어서 미래 상황 카드에 다른 사람이 보이고, 누군가 남자친구를 좋아할 것 같다고만 이야기해 주었습니다. 그래서 자주 다투지 말고 너무 구속하거나 욕심부리지 말라는 충고만 해 주었습니다. 당시에는 너무 사이가 좋아서 여자분도 그럴 일은 없도록 하겠다고 자리를 떠났는데 몇 달 뒤에 연락이 왔습니다. 남자친구가 복수 전공으로 다른 과에 합격해 새 수업을 시작했는데 그곳에서 만난 여자와 사귀게 되었다고 하였습니다. 두 달 동안 자기를 속였다고 합니다. 그녀의 아픔을 상담하면서 저도 미래의 카드로 나온 7개의 소드 카드가 떠올라서 잠시 소름이 끼쳤던 기억이 납니다.

어두운 이야기이지만, 연애 이야기에서 빠질 수 없는 내용이고 생각보다 자주 일어나는 일이기에 언급해 보았습니다. 이제 다시 카드 이야기로 돌아와서 다음 카드를 넘겨 보겠습니다.

정방향

역방향

여덟 개의 소드 카드입니다.

① 카드를 보자마자 우리는 쉽게 1단계에서 2번으로 분류할 수 있습니다. 눈이 가려져 있고 몸이 묶여있는 사람이 있는 이 카드를 보고 기분이 좋아지는 이는 없겠지요?

② 뒤의 성을 배경으로 한 남자가 있습니다. 성과 남자 사이에는 여덟 개의 칼이 경계선 처럼 박혀 있습니다. 주인공인 남자는 온몸이 묶여있고, 눈은 눈가리개로 가려져 있 습니다. 여기서 잠시 우리가 지금껏 다루지 않았던 '눈가리개'의 상징적 의미를 한번 살펴볼까요? 눈가리개는 암울한 느낌을 함축하고 있습니다. 상징적 의미를 보면 희 생양이 됨을 나타내고 있고, 제한된 시야, 즉 넓게 생각하고 볼 수 없는 상태를 의미 합니다. 또한, 현실 부정이라는 의미도 있습니다. 그 외에도 왜곡된 인식, 맹목적인 인식 등 제대로 된 판단을 하지 못한다는 의미를 담고 있습니다. 이 상징과 함께 남 자가 처해 있는 상황을 유추해 본다면 남자는 제대로 된 인식을 할 수 없고, 현실을 부정하고 있습니다. 묶여있는 몸의 상태로 보아 남자는 자신이 원하는 대로 행동할 수 없음을 알 수 있습니다. 우리가 어떤 상황에서 누군가에게 억압받거나 간섭을 받 을 때 그림으로 자신을 표현한다면 이러한 남자의 상이 나오지 않을까요? 남자는 매 우 답답해 보이고 암울해 보입니다. 몸을 움직이면 검에 몸을 다칠 듯한 위험도 느끼

고 있습니다. 주변이 위험함을 남자도 인지하고 있는 것 같습니다. 바닥의 불안정한 땅과 물의 흐름이 편안하지 않은 현재의 상태를 나타내는 듯합니다. 남자의 생각을 문장으로 만들어본다면 "나는 답답해. 아무것도 할 수가 없다." 이러한 문장이 나오지 않을까요? 여러분도 한번 이 남자의 생각을 하나의 문장으로 만들어 보세요.

③ 키워드의 문을 열어보겠습니다. 꼼짝할 수 없는, 사방에 알 수 없는 위험이 도사리고 있는, 스스로 해결할 수 없는, 두려워하는 등의 키워드가 보입니다. 우리가 예측한 남자의 마음이 그대로 나와 있습니다. 역으로 카드를 뒤집으면 마찬가지로 정방향의 의미가 더욱 강조되고 있습니다. 위험에서 벗어날 수 없는, 위험을 무시하고 함부로 움직이기 직전 등을 의미합니다. 즉, 주의를 요하는 카드라고 생각하시면 되겠습니다. 이런 카드가 결과로 나온다면 그 일에 있어서 위험을 생각하고 다시 한번 계획을 잡아 보도록 나 자신을 안내할 수 있어야 하겠습니다.

◎ 정방향: 꼼짝할 수 없는, 사방에 알 수 없는 위험이 도사리고 있는, 스스로 해결할 수 없는, 상황을 파악하지 못하고 두려워하는

◎ 역방향: 위험을 무시하고 함부로 움직이기 직전, 위험에서 벗어날 수 없는, 게으름

77. Nine of swords(아홉 개의 검)

정방향

역방향

아홉 개의 소드 카드입니다.

① 누구나 2번으로 분류할 수 있는 카드입니다.

② 한 사람이 침대에 앉아서 울고 있습니다. 검은 배경이 깜깜한 밤임을 알 수 있도록 해 줍니다. 실제로 밤을 나타내기도 하지만, 밤인지, 낮인지도 알 수 없는 고립을 나타내기도 합니다. 2/3를 차지하는 공간을 아홉 개의 검이 장식하고 있습니다. 보기만 해도 슬퍼지고 마음이 아파지는 카드입니다. 또한, 이러한 경험은 우리 역시 한 번씩 경험해 보았으리라 생각됩니다. 그래서 왠지 친숙한 느낌이랄까? 너무 힘든 날 자다가 잠에서 깨어 슬픈 일로 이렇게 눈물을 흘린 경험을 모두 가지고 있지 않을까요? 이 사람과 어울리는 단어는 무엇이 있을까요? 저는 '괴로움'으로 표현해 보겠습니다. 여러분도 종이에 한번 적어보세요.

③ 키워드를 보니 잠들 수 없는 마음의 고통, 우울증, 악몽, 불면증, 상처 등의 키워드가 보입니다. 충분한 감정 이입으로 이해가 쉬운 카드입니다. 카드를 역으로 뒤집으면 다행히 희망이 보이는 키워드가 보입니다. 마음의 고통으로부터 벗어나는, 심각한 고민에 해결에 대한 실마리가 보이는 키워드가 보입니다. 상황이 정방향보다 나아지고 있음을 알 수 있겠습니다. 그러나 이것은 조금 나아질 뿐, 그렇다고 완전히 긍정의 의미로 변하지는 않습니다. 여기서 타인에게 극복할 수 없는 상처를 입힌, 키워드를 보면 피해자가 자신이 아니라 자신이 누군가에게 피해를 주는 상황도 있음을 나타내고 있습니다.

◎ 정방향: 잠들 수 없는 마음의 고통, 우울증, 불면증, 악몽, 상처를 극복하기 힘든
◎ 역방향: 마음의 고통으로부터 벗어나는, 심각한 고민에 해결의 실마리가 보이다, 타인에게 상처를 입힐 수 있다

연애 타로카드의 정석

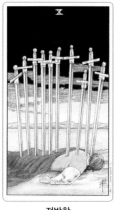
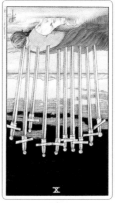

| 정방향 | 역방향 |

열 개의 소드 카드입니다.

① 아무런 문제 없이 2번으로 분류가 가능합니다.

② 남자가 쓰러져 있고, 등에는 열 개의 검이 꽂혀있습니다. 보기만 해도 아픔이 느껴지는 카드입니다. 검은색 배경은 상황이 좋지 않음을 암시하는 듯합니다. 이 남자는 왜 쓰러져 있을까요? 도대체 어떠한 일이 일어난 것일까요? 우리가 보통 아는 사람에게 배신을 당하면 "뒤통수를 맞았다.", "저 사람이 내 뒤통수를 쳤다." 이런 표현을 합니다. 즉, 알지 못했던 충격을 받았을 때는 내가 볼 수 없는 뒤에서 공격을 당한 것으로 인식합니다. '나도 모르게'라는 의미가 포함되어 있겠지요? 그러면 이 남자는 분명히 아는 사람으로부터 배신당한 것으로 상상할 수 있습니다. 자신은 검이 등에 꽂힐 때까지 알지 못했고, 꽂히고 나서야 비로소 내가 당했음을 인지한 것 같습니다. 나의 경우라고 생각만 해도 식은땀이 나는데요. 너무 고통스럽지 않을까요? 이 느낌을 가지고 3단계로 넘어가 보겠습니다.

③ 키워드의 문을 열어보겠습니다. 뒷담화, 모든 주변 사람의 배신, 죽음과 같은 고통, 모든 것을 잃게 되는 키워드가 보입니다. 그림 그대로 이 남자의 상황과 고통을 느낄 수 있는 카드입니다. 역으로 카드가 뒤집히면 조금의 희망이 보이네요. 배신행위로부

터 벗어나게 되는, 위험한 상황에서의 탈출이라는 키워드가 보입니다. 도움이 될 팁을 하나 드리자면 정방향 카드를 거꾸로 뒤집으면 칼이 중력에 의해 등에서 빠질 수 있을 것 같은 느낌을 줍니다. 그래서 지금 그 고통에서 탈출할 수 있다는 의미로 이해하시면 도움이 될까요?

◎ 정방향: 모든 주변 사람의 배신, 죽음과 같은 고통, 권력을 완전히 잃음, 모든 것을 잃게 되는
◎ 역방향: 위험한 상황에서의 탈출, 배신에서 벗어나게 되는, 위기의 경고

축하합니다. 드디어 78장 타로카드 그림의 머나먼 길을 모두 통과하셨습니다. 0번의 카드를 시작으로 펼쳐지는 78개의 동굴 속에는 우리의 인생 이야기가 모두 들어 있습니다. 우리의 연애와 사랑의 모습도 고스란히 이 카드 속에 들어 있습니다. 좋아하는 사람을 만났을 때의 내 마음도 이 카드에 있으며, 사랑하는 사람에게 고백을 받은 내 모습도 이 속에 있습니다. 사랑하는 사람이 나를 떠나는 모습, 사랑하는 사람을 누군가에게 빼앗기는 모습, 프러포즈를 받아서 행복한 내 모습, 가정을 이루고 싶은 내 마음, 가정을 이룬 내 행복, 힘들게 이룬 가정이 깨어진 내 모습, 그리고 너의 모습 등 우리의 사랑과 연애의 모습이 모두 담겨 있는 타로카드로 이제 우리의 연애를 점검하고 들여다보는 시간을 가져 봅시다.

제5의
문

사례와 함께하는
의미 해석 연습

"사랑이 세상을 돌아가게 할 수 있고
실제로도 그러합니다.
사랑이 아니라면 그 무엇이
그대들의 행성을 회전시키겠습니까?
사랑이 아니라면 그 무엇이
끊임없이 타오르고 있는 태양의 불길,
그대들의 육체의 세포, 하늘의 수많은 별들,
그대들 가슴속의 의식을 창조하고 유지할 수 있을까요?
이 모든 것을 창조하고 유지하는 힘이
사랑입니다.

오직 사랑뿐입니다.
가면을 쓰고 아닌 척하는 바보가 되지 마십시오.
온 우주를 하나로 묶는 접착제가 사랑입니다."

- 엠마누엘의 메시지, 『Emmanuel's Book』

여러분, 지금까지 정말 열심히 잘 따라오셨습니다. 이제 타로를 보는 눈이 점점 밝아지지 않나요? 자, 이제 제5의 문을 열어보겠습니다. 이 제부터는 사례를 통해서 우리가 얼마나 잘 해석할 수 있는지 연습해 보겠습니다. 무조건 의미와 키워드만을 외우기보다는 사례를 통해서 연습하다 보면 타로 해석에 관한 직관력이 발달하게 되고, 카드의 그림 또한 익숙해지게 됩니다. 그림이 익숙해지면 카드에 담긴 스토리와 정서가 눈에 보이거나 가슴으로 느껴지게 됩니다. 그렇게 되면 타로는 대하기 어려운 친구가 아니라 정말 편안하고 고마운 나의 친구가 될 것입니다.

의미 해석은 너무 심층적으로 깊게 해석하지 않을 것입니다. 초보자인 여러분 모두 함께 공감할 수 있도록 쉽게 해석하고 의미를 찾아볼 테니 어려워하지 마시기 바랍니다. 실제로 자신이 타로 마스터가 되었다고 생각하고, 나의 의뢰인을 해석해 주는 마음으로 이 장을 만나기 바랍니다. 타로 마스터들처럼 내 옆에 수정 구슬을 하나 놓아볼까요? 사실 수정 구슬이 멋있어서 타로 마스터가 꼭 되고 싶기도 했답니다. 그럼 시작해 보겠습니다!

1. 썸남, 썸녀의 저에 대한 마음이 궁금합니다/애인의 지금 마음이 궁금합니다

- 활용 스프레드: 마음 읽기 스프레드(3장의 카드를 활용합니다)

연애 감정. 하는 사람도, 듣는 사람도 참 설레입니다. 시작되는 연애는 알 수 없는 미래에 두려움이 따르기도 하지만 모두를 설레게 하는 것 같습니다.

Q: 한 달 전부터 만나서 썸을 타고 있는 사람이 있어요. 그 사람의 마음이 궁금합니다.

Q: 썸녀가 있는데 표현을 잘 안 해서 그녀의 마음을 모르겠어요. 그녀의 마음이 궁금합니다.

Q: 소개팅을 하고 3번의 만남을 가졌습니다. 그 사람은 저를 어떻게 생각하고 있을까요?

Q: 남자친구의 행동이 예전과 많이 달라졌어요. 현재 저에 대한 마음을 알고 싶어요.

이러한 질문에 우리는 마음 읽기 스프레드를 활용할 수 있습니다. 3장의 카드를 선택하는데, 이 3장의 카드가 모두 긍정이면 더할 나위 없이 좋지만, 항상 그렇지는 않겠지요. 그러나 하나의 카드라도 긍정의 카드라면 이 썸은 성공 가능성이 있으므로(질문자도 이 썸인을 좋아하고 있다면) 좀 더 썸을 이어가거나 그 상대를 믿고 그 썸을 즐겨도 된다고 힌트를 줍니다.

보통 이 질문을 하는 것은 그 사람과 잘되고 싶어서 하는 것입니다. 그런데 상대의 마음을 모르니 섣불리 김칫국부터 마시고 행동하거나, 속도가 너무 빨라 이 썸을 망치지 않을까 하고 염려하는 것입니다. 상대가 마음에 들지 않는다면 상대의 마음이 궁금하지도 않겠죠?

다음의 사례를 통해서 의미 해석을 연습해 봅니다.

1) 사례 1-현재 남자친구의 저에 대한 마음이 궁금합니다

Q: 저는 중국 유학생입니다. 지금 연애 중인 러시아인 남자친구가 있는데 그 사람의 현재 마음이 궁금해요. 저희는 현재 2개월 정도 만남을 유지하고 있고요. 현재 머무는 나라가 영어권이 아니라서 서로 영어도 약하고 현지어도 약해서 서로 의사소통의 어려움이 있지만 잘 지내왔는데 최근 들어서 남자친구가 좀 변한 것 같아요. 지금 저에 대한 마음이 어떤지 궁금합니다.

연애 타로카드의 정석

1-의식

2-마음

3-무의식

　자, 제 앞에 이분이 앉아있습니다. 그분이 앞의 카드를 선택하였네요. 우리가 해석해 주어야겠죠? 앞의 카드를 보면 이분의 속마음은 어떤 것 같나요? 한번 의미 해석을 연습해 봅시다. 어떤 카드가 긍정이고, 어떤 카드가 부정인지 아직 눈에 잘 들어오지 않으시죠? 일단 마음을 편안하게 하시고 키워드는 잊어버리시고 그림에만 집중하세요. 집중하면 그림 속의 상황, 주인공이 처한 상태, 카드를 차지하는 색, 주변에 널려있는 물건들의 상징이 점점 3D 안경을 쓰고 영화를 보듯이 선명하게 드러난답니다. 이어서 해석을 해 보겠습니다.

첫 번째 카드(남자의 의식적인 부분)를 보고 우리가 짐작할 수 있는 것은 둘 사이에 싸움이 있었을 것으로 예상할 수 있습니다. 왜냐하면 의식 카드가 완전히 무너져 내리고 있어서 연인 사이라면 싸움이 있었거나 큰 충격 또는 실망 등이 있었을 거라 예측이 가능합니다.

실제로 싸움이 있었는지 마스터가 질문하자 역시나 3주 전에 크게 싸웠고, 화해는 했지만 잉금이 남았는지 그 뒤로 남자분이 예전 같지 않다고 느꼈다고 합니다. 첫 번째 카드에서 그대로 볼 수 있겠지요?

첫 번째 의식 카드를 보면 남자친구는 여자친구에 관한 마음이 많이 무너진 상태입니다. 이는 긍정적이었던 생각이 무너지고 있는 모습으로 해석할 수 있겠습니다.

두 번째 마음 카드(남자의 정서적인 부분: 마음)를 보면 다행히 아직도 남자분은 여자분을 좋아하고 있고, 함께하고 싶어 한다고 알려 주고 있습니다.

세 번째 무의식 카드를 보니 연애에 대한 환상이 사라진 모습을 볼 수 있습니다. 여자에 대해 깊은 애정을 느끼고 있는 모습은 아닙니다.

만일 제가 이 여성분이라면, 이 결과를 받고 어떤 마음일까요? 우리

연애 타로카드의 정석

는 보통 불안함을 느끼게 될 것입니다. 왜냐하면 남자의 생각이 부정적이기 때문에 헤어지고 싶다고 생각하고 있을지도 모르기 때문입니다. 그래서 다음으로 묻는 질문은 내부분 "우리가 곧 헤어질까요?" 또는 "남자가 저에게 원하는 것이 무엇일까요?"라는 질문을 하게 됩니다. 먼저 제 경우 이런 결과가 나왔고, 다음 질문으로 "우리가 곧 헤어질까요?"라는 물음에 대한 답을 원한다면 간단하게 원 카드로 결과를 얻거나, 좀 더 깊게 알고 싶다면 말발굽 스프레드, 또는 역계단 스프레드를 활용해 결과를 보고, 문제점의 원인과 해결 방법을 함께 찾아보면 되겠습니다.

첫 번째 사례를 통한 연습은 어떠셨나요? 여러분 혼자 하실 수 있을까요? 다음 사례도 한번 열어 보겠습니다.

2) 사례 2-여자를 못 잊는 남자, 남자를 피하는 여자: 마음 비교

Q: 여자친구와 헤어졌습니다. 한 달간 고통 속에서 헤매고 있습니다. 제가 계속 연락하는데 너무 냉정하네요. 이제 전화까지 차단했습니다. 그런데 저희가 만난 정이 있는데, 여자친구도 저를 아직 좋아하고 있지 않을까요?

남자는 헤어진 여자친구가 냉정하게 행동하더라도 자신을 좋아하고 있다고 믿고 있고 이를 확인하고 싶어 하고 있습니다. 안타까운 사연입니다. 둘 사이에 어떤 일이 있었는지는 모르겠지만, 여자가 강하게 남자를 피하는 이유는 분명히 있겠지요? 남자의 마음과 여자의 마음을 한번 비교 해석해 보겠습니다. 여자는 과연 남자를 아직 좋아하고 있을까요?

1-의식

2-마음

3-무의식

카드를 위에서부터 아래로 보면 의식→마음→무의식의 순서입니다. 남자는 여자를 어떻게 생각하고 있습니까?

남자는 의식적으로 다시 그녀와 너무 만나고 싶어 합니다. 마음은 괴롭고, 아마 분명히 그 여자의 꿈도 꿀 정도로 마음이 여자에게 사로잡혀 있습니다. 이 정도면 일상생활에 지장이 있을 정도로 힘든 상태로 보입니다. 이 여자는 분명 이 남자의 무의식을 선드리고 있습디. 남가가 의식할 수는 없지만, 여성적으로 남자의 이상형에 가깝거나 여성이라는 사람에게 바라는 매력을 이 여자가 지니고 있다고 예측할 수 있습니다. 그래서 남자는 더욱 힘들죠. 처음 만날 때부터 헤어질 때까지 정이 차곡차곡 쌓였고, 무엇보다 남자는 여자의 긍정적인 모습만을 생각하고 있기에 잊기가 더욱 힘들어 보입니다. 정이 많이 들었을 뿐만 아니라 아직 콩깍지가 벗겨지기 전에 헤어져서 지금 집착적인 행동을 하는 것이 이해되네요.

　제가 짧게 이렇게 의미 해석을 해 보았고요. 여러분은 어떠신가요? 좀 더 추가해서 느껴지는 마음이 있나요? 카드 속으로 들어가 감정을 이입해 보세요. 이 남자는 무엇을 느끼고 있습니까? 얼마나 괴로운지, 얼마나 그녀가 그리운지.

　여자의 마음도 남자와 비슷한지 한번 보겠습니다.

1-의식

2-마음

3-무의식

여자는 남자를 어떻게 생각하고 있나요? 아~ 슬프게도 남자 카드와
너무 비교가 됩니다. 여자분은 남자분에게 나쁜 마음도 있고 관심도
이미 사라진 지 오래인 것 같습니다. 실망의 모습이 강하게 보입니다.
마음을 보면 그나마 있었던 신뢰와 정도 모두 무너져 내린 모습입니다.

연애 타로카드의 정석

무너진 저 마음을 회복하려면 오랜 시간이 걸릴 것으로 보입니다. 남자친구에게 실망도 했고, 마음도 이미 끝나버린 모습입니다. 무의식에서도 여자는 남자와 함께하고 싶어하는 점은 전혀 찾아볼 수 없습니다.

여러분이 볼 때 두 사람의 마음 카드를 비교해 보면 두 사람은 이어지기가 힘들 것으로 보이지요? 저도 그렇게 생각합니다.

2. 애인과 다툰 후(헤어진 후) 행동, 다시 만나고 싶은데 제가 어떻게 하는 게 좋을까요?

- 활용 스프레드: 미래 비교 스프레드(4장의 카드를 활용합니다)

연애에서 둘 사이에 다툼이 일어나면 화가 나서 씩씩거리고 돌아와도 시간이 지나면 다시 보고 싶고, 참을 수 없던 것도 용서해 주고 싶고, 용서도 받고 싶고 그런 복잡한 마음들이 내 안에서 요동을 치기에 나 자신을 혼란스럽게 만듭니다.

시간이 지나고 타오르던 화도 가라앉고 상대가 그리워지면 이내 '어떡하지? 미안하다고 전화를 할까? 아니면 기다릴까? 집에 찾아갈까? 아니면 기다릴까? 어떤 행동을 할까?' 등 도저히 판단하기가 너무 어려운 순간과 마주하게 됩니다.

아무렴 어떠냐는 사람은 고민할 필요도 없지만, 관계가 조금이라도 틀어질까 봐 두려워하는 사람은 핸드폰 앞에서 얼마나 마음이 조마조마한지 모릅니다. 카톡이나 문자를 몇 번이나 썼다, 지웠다 하며 행동에 대한 결정을 내리지 못할 때가 많습니다.

이런 상황에 놓였을 때 미래 비교 스프레드를 한번 적용해보겠습니다. 함께 의미를 해석하며 연습해 보겠습니다.

1) 사례 1-남자친구와 헤어졌습니다. 그런데 제가 주려고 준비해 둔 것이 있는데 그것을 주는 것이 좋을까요? 그냥 주지 않는 것이 좋을까요?

Q: 제 남자친구는 이혼남입니다. 아이도 있어요. 저는 주말이면 남자친구네 집에 가서 아이와 함께 놀기도 하고 남자친구와 데이트도 하면서 행복하게 시간을 보냈습니다. 그런데 저는 사실 결혼이 너무 하고 싶거든요. 이 남자와 말이에요. 그런데 남자는 결혼 얘기를 피하고, 그럴수록 저는 섭섭해지고…. 이런 과정이 반복되면서 다툼도 잦아졌어요. 서로 지치게 되니 어느 날 그만 관계를 정리해야 할 것 같다고 하더라고요. 남자가 너무 단호했고, 더 이상 잡을 수 없는 상황까지 와서 현재 헤어진 상태입니다. 너무 보고 싶고 그립긴 하지만, 제가 먼저 다시 찾아가고 싶진 않네요. 지금까지 계속 싸우면 제가 찾아갔습니다. 하지만 한 가지 마음에 걸리는 건 헤어지기 전에 그 아이를 위해 제가 옷을 만들고 있었거든요. 곧 그 아이 생일인데요, 그 선물을 꼭 주고 싶은데 지금 상황에서 주어야 할지, 주지 않아야 할지 모르겠어요.

상황에 대한 매우 안타까운 마음이 심장을 타고 가슴 위에서 스멀스멀 포도 넝쿨처럼 엉겨 붙는 것 같습니다. 일단 카드를 보겠습니다. 이 상황은 질문에 추가할 것이 있습니다. 미래 모습을 비교해서 보아야 하는데 그 사람의 모습을 볼 것인지, 내 모습을 볼 것인지, 앞으로의 둘 관계를 볼 것인지 먼저 선택해야 합니다. 선물을 주어서 내가 어떨지, 아니면 그 남자가 어떨지, 둘이 재회하는 데 도움이 되는지. 이렇게 무엇을 비교할 것인지도 생각하고 카드를 뽑아야 합니다. 여자가 궁금한 것은 당연히 재회에 이 행위가 도움이 될지, 안 될지입니다. 그래서 질문은 "이 선물을 어떻게 하는 것이 우리가 재회하는 데 도움이 될까요?"입니다. 어떤 결과가 나왔는지 카드를 보겠습니다.

2-우리의 미래 모습

1-선물을 주는 나

3-선물을 주지 않는 나

4-우리의 미래 모습

결과가 나왔습니다. 잠시 제가 쓴 해석을 만나기 전에 여러분이 그림만 보고 한번 비교해 보세요. 아이의 옷 선물을 주는 것이 두 사람의 재회에 도움이 될까요? 주지 않는 것이 도움이 될까요?

아마 저와 같은 답을 할 것 같아요. 바로 주는 것이 더 도움이 된다는 것입니다. 주는 쪽의 미래 모습의 카드가 훨씬 더 긍정적이지요. 지금까지 저를 잘 따라왔다면 이제 이 정도는 쉽게 느껴지지 않으세요? 분명히 그러시리라 믿어요.

카드를 좀 더 살펴보면 다음과 같습니다. '준다' 카드를 보면 여자는 지금 완전하게 결정을 내리지 못하고 있죠. 하지만 마음만은 너무도 주고 싶어 합니다. 다만 주어야 하는지, 언제 주는 것이 좋은지 모르는 거죠. 지금 의뢰한 여자의 마음이 그대로 드러납니다. '갈등은 하지만 언젠가는 줄 것이다.'라는 마음도 포함되어 보입니다. 주었을 경우 미래의 모습은, 실제로 이렇다면 너무 좋겠네요. 둘이 재회할 수 있는 하나의 계기가 될 것이라는 예언을 해 주고 있습니다. 다음으로 반대의 경우인 '안 준다' 카드는 너무 주고 싶지만 그 마음을 저버리는 모습으로 보아서는 정말 여자는 선물을 주고 싶어 하네요. 그러나 차마 용기가 나지 않습니다. 그러나 꼭 주고 싶어 하네요. 미래 모습을 보면 정방향인 이 카드는 매우 좋은 의미인데, 역방향으로 가고 있습니다. 내가 월계관을 쓴 승리가 떨어지게 된 것이죠? 그럼 당연히 재회하는 데 도움이 되지 않는다고 해석할 수 있습니다. 그럼 이러한 결과를 얻었다면, 여자는 용기가 생기자마자 그 선물을 아이에게 보내겠죠? 여러분이라면 보내시겠어요? 꼭 재회하고 싶다면 저는 보냅니다.

여기서 더 진행해 본다면 다음과 같습니다. 이런 결과를 얻었다면, 여자는 또 궁금해질 것입니다. 언제 주는 것이 좋을까(이럴 때는 5장의 스프레드로 날을 선택해 보세요)? 아니면 어떻게 주는 것이 좋을까? 여기서 어떻게 주는 것이 좋을까를 한번 보면 방법은 택배로 보낸다, 또 하나는 직접 찾아가서 준다의 두 방법이 있다고 하면 다시 이 미래 비교 스프레드를 통해 미래 모습을 보시고 선택하시면 됩니다. 뭐 이런 것까지 타로로 보고 결정하나 하는 사람은 이 책을 당연히 만날 일이 없겠죠? 타로를 볼 때는 그 순간만큼은 타로를 믿고, 그 결과에 대해서는 언제나 자신이 선택하면 됩니다. 어떠한 부정적인 마음을 가지지 않는 것이 좋고, 부정적인 마음이 든다면 타로와는 만날 필요가 없겠지요? 믿음이 없는 친구와 만나는 것과 같으니까요. 가끔 저 스스로도 타로점을 볼 때, '내가 너무 나약한 건가? 이런 것도 선택하지 못해서 타로를 봐야 하나?'라고 생각하던 때가 있었습니다. 그러나 당연히 지금은 아니지요. 그런 생각이 드는 일은 보지 않으면 됩니다. 그러나 정말 보

연애 타로카드의 정석

고 싶을 때는 아무 의심 없이 궁금한 것만 생각하고 보시면 됩니다. 내가 바보 같거나, '미신을 너무 믿는 건 아닌가?', '나약한 건 아닌가?'라는 생각은 하지 마세요. 타로는 길을 보여 주는 것뿐입니다. 믿든, 믿지 않든 상관없지요. 대신 부정적인 생각은 저 멀리 보내 놓으시고 타로를 보면 정말 좋은 결과를 얻으실 것입니다.

2) 사례 2-저는 남자친구에게 이별을 말했습니다. 그런데 이럴 줄 몰랐는데 지금 2주가 지났는데 다시 만나고 싶은데 제가 먼저 연락하는 것이 좋을까요? 아니면 기다리는 게 좋을까요?

Q: 너무 잘해 주는 남자친구였지만, 성격 차이로 자주 다투어서 제가 먼저 이별을 말했습니다. 그런데 저는 상상도 못 했는데 2주가 지나니 너무 그리워지고 보고 싶네요. 제가 이렇게 좋아하는지 몰랐어요. 늘 남자친구가 매달리고, 더 잘해 주고, 더 사랑해 준 느낌이었거든요. 그래서 그런 걸까요? 어쩌죠? 다시 만나고 싶어요. 그런데 제가 먼저 연락해도 될까요? 아니면 기다리는 것이 더 좋을까요?

  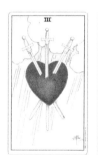 

2-두 사람의 미래 모습   1-연락을 하는 나   3-연락을 하지 않는 나   4-두 사람의 미래 모습

이 사례의 결과 카드는 너무 확실하게 비교가 되어서 매우 쉽게 결과를 가늠할 수 있을 것입니다. 카드를 보면 두 사람은 다시 만날 수 있는

가능성이 보이지요? 먼저 1번 카드인 '연락을 한다.' 카드를 보면 여자가 매우 그리워하고 보고 싶어서 애타는 모습이 보입니다. 남자가 어떻게 지내는지 궁금하고 걱정도 하고 있지요. 그래서 연락을 한다면? 어떤가요? 두 사람의 관계가 움직이지 않는 모습으로 보았을 때 지금은 남자를 내버려 두는 것이 가장 좋을 것 같습니다. 흔히 말하는 자신의 동굴 속으로 들어가 있다고 생각하시면 될 것 같습니다. 그럼 연락이 올 때까지 기다린다면? 가슴이 무너지는 여자의 모습이 보입니다. 뼈저리게 후회하고 가슴 아파하네요. 그러나 기다린다면 연애에서 가장 영광스러운 러브 카드가 나온 것으로 봐서는 남자는 시간이 지나면 동굴에서 나올 것으로 보입니다. 여자가 먼저 이별을 말했는데 다시 남자에게서 연락이 온다면 정말 기쁠 것 같습니다. 꼭 연락이 오길 바라는 간절함이 저에게도 일어나네요. 두 사람의 사랑을 믿고 지금은 잠시 남자가 생각할 수 있도록 시간을 주면서 기다리시는 게 현명한 것 같습니다.

3. 저희가 연인이 될 수 있을까요(사귈 수 있을까요)?:연애 시작

– 활용 스프레드: 역계단 스프레드(6장의 카드를 활용합니다)

1) 사례 1-이 남자와 사귈 수 있을까요?

Q: 이 남자와 몇 달째 썸을 타고 있는데 사귀자는 말을 안 해요. 이 남자와 사귈 수 있을까요?

저희는 3개월 정도 만났는데 연인도 아니고 그렇다고 친구도 아닌 사이를 유지하며 썸을 타고 있어요. 저는 남자가 매우 마음에 들어서 남자의 제안을 기다리는데 사귀자는 말을 하지 않네요. 음…. 연인이 아니라는 건 단지 서로 남들에게 "남자친구다.", "여자친구다." 하고 말하지 않는 것일 뿐이고 둘이 있을 때는 서로 연인처럼 행동하고 연인처럼 데이트합니다. 저희, 사귈 수 있을까요?

1-과거

2-현재

3-미래

4-나

5-상대방

6-결론

여러분은 카드를 보고 답을 어떻게 내리셨나요? 이 여자는 이 남자
와 사귈 수 있을까요? 여기서 잠깐, 실제로 3개월 정도를 만났는데 연
인도 아니고 그렇다고 친구도 아닌 사이인데 남자가 사귀자고 말하지
않는다면 이건 사실 의심해 봐야 할 문제가 아닐까요? 사실 궁금해 하

지도 말고 이 남자는 내 인생에서 탈락시켜야 하는 게 올바른 판단인 것 같습니다. 지극히 개인적인 생각이고 사람마다 여러 상황이 있겠지만, 보통의 경우로 본다면 이런 경우 이건 볼 필요도 없이 만나지 않는 것을 권해 드립니다. 사귀자고 말을 안 한다는 것은 이 여자에 대해서 확신이 없기 때문이겠지요? 확신이 없다는 것은 이 사람에 대한 마음이 50%를 넘지 않는다는 것입니다. 최소 평균은 넘어야 우리는 인연이 되니까요. 서로 사랑하려면 50%의 범위를 더 넘어야겠지요. 여자 쪽에서 흔히 말하는 '엔조이' 관계를 원하는 것이 아니라면 이런 관계는 여자 쪽에서 반드시 끊어줘야 합니다. 상대가 적극적일 수밖에 없는 시간을 주어야 상대의 마음을 확실히 알 수 있기 때문입니다. 이렇게 빈틈 없이 내가 좋아서 계속 이러한 데이트를 한다면 여자는 시간이 갈수록 더욱 힘들어질 수 있습니다. '나도 이런 관계가 좋다.' 이런 생각이 아니라면 잠시 휴식하시는 것을 권해 드립니다. 저의 개인적인 생각은 잠시 접고 일단 카드를 한번 보겠습니다.

다시 숨 한 번 고르고, 이 여자의 카드로 돌아가 보겠습니다. 결론은 두 사람은 사귈 수 없어 보이지요? 위에서부터 살펴보아야 결론이 이해될 것 같습니다. 초기에 두 사람은 매우 달달해 보이네요. 둘이 같이 만나면서 오순도순 즐거웠던 것으로 보입니다. 그런데 현재 카드에서 누구의 마음인지는 모르겠지만 '긴가민가'한 모습이 보이고, '그럭저럭'이라는 단어가 연상되는 걸 보아서는 처음과 같은 '좋은 느낌'이 사라지는 모습입니다. 미래의 모습은 어떤가요? 달리는 전차 카드가 멈추었거나 다른 방향으로 가는 모습으로 보아서는 남자분은 다른 여자와 또 다른 썸을 시작하거나, 아니면 지금 다른 썸을 타고 있는 모습으로 미래에는 곧 그 사람에게로 갈 모습입니다. 이 여자를 향해서는 아마 오지 않을 것으로 보입니다(전차 카드의 정방향과 역방향의 해석이 이해되시지요? 정방향으로 나왔다면 이 두 사람의 미래 모습은 현재에서 발전할 수 있는 모습입니다). 아래로 내려와서 여자의 마음을 보니 남자에 내린 정이 계속 흘러나오는 모습입니다. 시냇물이 누구도 방해할 수 없듯이 졸졸 잘도 흐르고 있습니다. 반짝거리는 별들 속에는 남자에 대한 환상이 아직도 가득하네요. 남자가 매력이 있나 보군요. 반면에 남자의 마음은… 에고고, 뭔가 고민에 빠진 모습으로 보여서는 이 여자를 생각하거나 그리워하는 마음이나 좋아하는 마음이 마음 뒤편에 숨겨져 있네요. 지금은 보고 싶어 하지 않는다고 해석해도 무방합니다. 다시 보고 싶어 할지는 모르겠지만 다른 생각에 빠져있어요. 이런 경우 현재 남자의 상황이 좋지 않거나, 다른 일에 빠져 있다고 볼 수 있어요. 슬프네요. 그리고 결과를 보면 뭔가 둘은 서로 완전하게 나쁘지는 않지만, 어울릴 수 없는 인연으로 보입니다. 서로의 상황이 어떤지는 모르겠지만, 아쉽게도 이 두 사람은 연인이 되지 못할 것 같습니다. 조건이 좋더라도 등을 돌릴 수밖에 없는 상황이 펼쳐지게 됩니다.

그러나 슬퍼하지 마세요! 모든 인연은 다음 사람을 만나기 위한 하나의 단계입니다. 되지 않을 인연은 잠시는 슬퍼하더라도 자신의 온몸과 마음에 상처를 주는 슬픔은 겪지 마시길 바랍니다. 우리는 사랑을 통해서 성숙해져야지, 사랑을 통해서 고통 속으로 들어가면 안 됩니다. 우리는 타로를 통해서 그 지혜를 배워서 한없이 사랑의 상처로 인해 고통 속으로 들어가려는 나 자신을 잡을 줄 알아야 합니다. 어떤 결과가 나오더라도 너무 괴로워 마세요. 왜냐하면 당신은 잘못될 일이 절대 없으니까요.

4. 저희가 다시 연인으로 재회할 수 있을까요?: 재회 운

- 활용 스프레드: 말발굽 스프레드

1) 사례-남자친구와 헤어졌습니다. 최대 3개월 안에 우리가 다시 연인으로 재회할 수 있을까요?

Q: 저는 직장에서 사내 연애를 하는데, 비밀 연애를 하고 있었습니다. 저는 남자에게 무척 잘해 주었고 남자 또한 저를 위해 큰 노력을 하였습니다. 그런데 사귄 지 4개월 이 지난 후 우연히 저는 그 남자가 제가 아닌 다른 여자분과도 애인과 같은 관계를 유지하고 있음을 알게 되었습니다. 그 사실을 안 후로 심하게 다투었고, 지금은 헤어진 상태입니다. 그런데 시간이 지날수록 그 사람과 함께한 시간들이 그립고, 나쁜 남자임을 아는 데도 용서해 주고 싶은 마음이 간절해졌습니다. 매일 괴로움의 연속입니다. 술을 마시면 문자도 하고, 제가 전화도 하고, 그러다 다시 후회하기를 반복하고 있네요. 그 사람이 다시 저를 찾아왔으면 좋겠습니다. 그 사람이 3개월 안에 저를 다시 찾아올까요?

왼쪽부터 순서대로 나열하면 다음과 같습니다.

1. 여자분 마음
2. 남자분 마음
3. 두 사람 현재 상황
4. 재회의 방해 요인
5. 재회를 위한 해결 방법
6. 결과

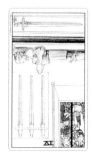

3

2

4

6

1

5

카드를 보고 짐작되는 스토리를 먼저 생각해 보세요. 어떤가요? 이 둘은 재회할 수 있을까요? 결론 카드 답이 보이시나요? 자, 함께 연습해 봅시다.

시계방향으로 차례대로 살펴보겠습니다. 여자분의 마음은 불면증을 초래할 정도로 정신적인 스트레스에 뒤덮여 있는 상태로 보입니다. 남자분은 두 여자 사이에서 우유부단함에 빠져 있는 모습입니다. 별생각이 없어 보이기도 합니다. 이 카드가 맞다면 지금 애인으로 둔 그 여자와의 관계도 그다지 좋아 보이지 않습니다. 아니, 그 여자에 대한 그 남자의 마음이 그렇게 진실되어 보이지 않습니다. 그 여자가 너무도 잘해 줘서 잠시 끌리거나, 아니면 시각적으로 거부할 수 없는 매력이 있는 걸까요? 어쨌든 남자의 마음이 진실되게 보이지 않습니다. 이렇게 시간이 흐르는데, 시간이 흐르면서 지금 관계가 서서히 움직이기 시작하네요. 누군가의 마음이 움직이는 걸로 보아서는 남자가 후회하지 않을까 하는 생각이 듭니다. 여기까지 짐작하고 결론으로 바로 넘어가 보면 둘은 재회를 다시 하게 되네요. 남자가 후회해서 돌아오는 스토리가 예상되네요. 결론이 긍정이어서 4번째 카드를 해석하지 않아도 되지만, 문제의 원인을 파악해 보는 것으로 활용해 본다면, 실제로 어떤지는 모르겠지만 두 사람은 소통이 잘 안 되는 커플이었을 것이라는 가정을 할 수 있겠네요. 우리가 자주 쓰는 서로가 "너랑은 진짜 말이 안 통한다."와 같은 상황입니다. 둘 다 고집이 세거나, 한 사람은 너무 감성적인데 한 사람은 너무 이성적이거나 하는 상황이겠지요. 이 두 커플에게는 '이해'와 '양보'라는 단어를 선물하고 싶군요. 결과는 어쨌든 두 사람은 다시 재회하겠습니다. 그런데 5번째 카드가 매우 눈에 들어옵니다. 우리에게 메시지를 던지고 있네요. 결론이 긍정이라 이 또한 해석하지 않아도 되지만, 카드의 결과의 힘이 더 강해질 수 있는 방법으로 한번 다루

연애 타로카드의 정석

어 보겠습니다. 재회의 가능성을 높이려면 여자가 해야 할 일이 있네요. 수행을 하듯이 기다려야 하며, 전화, 문자, 카톡 등 어떤 연락도 하지 않는 것이 좋아 보입니다. 마치 수행사처럼 밀입니다. 신에서 정말 혼자서 수행하듯 말이지요. 카드 속에 보이는 저 남자가 여자에게는 하나의 힌트인 것 같습니다. 저 남자의 모습으로 지금 이 상황을 수행하듯이 지나쳐 보낸다면 원하는 결과를 얻을 것 같습니다.

5. 어떻게 해야 진정한 사랑을 찾을 수 있을까요?

- 활용 스프레드: 진정한 사랑 찾기 스프레드(5장의 카드를 활용합니다)

여러분. 5장의 스프레드 중 '진정한 사랑 찾기' 스프레드를 기억하시나요? 제가 가슴 속에 잘 챙겨두라고 했던 기억이 나시나요? 여러분의 성숙한 사랑을 도와줄 진정한 사랑 찾기 스프레드를 이용해 의미 해석을 해 보겠습니다. 이번 연습은 온전히 자신을 위해서 해 보시기 바랍니다. 제가 하나의 예시를 해 놓겠습니다. 자신을 위해 한번 사용해 보시고, 자신이 생긴다면 친구를 위해서, 또는 동생을 위해서, 언니나 오빠들을 위해서 한번 해 보시기 바랍니다.

1) 사례-저는 어떻게 해야 진정한 사랑을 찾을 수 있을까요?

Q: 저는 연애를 너무 못하는 것 같아요. 늘 나쁜 남자만 만나는 것 같아요. 늘 버림받는 느낌은 너무도 고통스럽습니다. 이제 이런 연애를 하고 싶지 않고, 진정으로 저를 사랑하는 사람을 만나고 싶어요. 나쁜 남자만 선택하는 제가 잘못일까요? 아니면 그 사람이 잘못인가요? 마냥 이렇게 원망만 할 순 없잖아요. 어떻게 해야 진정한 사랑을 찾을 수 있을까요?

카드가 다음과 같이 나왔습니다. 우리는 각 5장의 카드가 어떤 질문을 통해 나왔는지 알아야 하겠지요? 기억이 잘 나지 않는다면 제4의 문을 열고 스프레드 장으로 가서 Five(파이브) 카드 스프레드를 찾아보세요. 질문을 알았다면 같이 한번 살펴보겠습니다. 여러분은 먼저 저의 해석을 보시기 전에 감각으로, 직관으로 이 여자의 심리를 느껴 보세요. 느낌이 오시나요?

그럼 저의 해석을 한번 훑어보셔서 자신이 감지한 해석과 비교해 보시기 바랍니다. 제 해석보다 오히려 여러분의 직감이 더 완벽한 해석일 수 있습니다.

1번 카드는 현재 여자가 처한 상황에 관한 질문입니다. 카드를 보면 이 사람은 현재 기운이 많이 가라앉아 있습니다. 기운이라기보다 연애에 있어서 믿음이라든지, 혹은 따뜻한 마음이라든지 이러한 마음이 거의 없다고 보면 될 것 같습니다. 연애를 통해 상처를 많이 받은 상태로 보입니다.

2번 카드는 이 여자분이 연애할 때마다 연애를 방해하는 여자의 반복적인 행동 패턴을 찾는 질문입니다. 2번 카드를 보면 이 사람이 연애에 영향을 미치는 반복적인 행동 패턴은 스트레스와 의심이라는 단어를 생각하게 합니다. 나쁜 남자를 많이 만났으니 그럴 수밖에 없을 거라는 안타까움도 함께 일어나게 합니다. 연애를 하고 싶어서 연애를 시작하면 구속된 느낌이 들어서 바로 벗어나고 싶은 마음이 듭니다. 그래서 스트레스를 많이 받고, 의지하는 마음이 커서 연애의 끝에 대한 두려움이 크게 보입니다. 그 불안은 상대를 너무 알려고 하고, 가까워지

3

2   1   5

4

려고 하고(경계선이 불투명), 밝히려고 의심하는 행동을 하는 패턴이 보
입니다.

3번 카드는 진정한 사랑(행복한 연애)을 찾기 위해서 성장시켜야 하는

부분이 무엇인지에 관해 묻는 질문입니다. 카드를 보면 이분은 사랑을 찾기 위해서는 자신의 상처에 대한 치유가 필요해 보입니다. 여기서 "공부를 어떻게 하면 잘할 수 있나요?"라는 질문에 "국, 영, 수 중심으로 공부하고, 예습, 복습을 철저히 해라."라고 답해 주는 당연한 소리를 하는 유머가 떠오르기도 하지만, 사실 이게 가장 정확한 답이겠지요.

다시 카드를 보면서 해답이 나오는지 살펴보겠습니다. 이 여자분은 과거를 빨리 잊고 새로운 사랑이 오면 그 사랑은 사랑대로 받아들여야 하는 마음가짐이 필요합니다. 계속되는 사랑의 실패에서 상처는 치유되지 않고 축적되어 가는 모습입니다. 상처에 대한 치유를 반드시 거치고 이제 새로운 사랑을 해야 합니다. 이분의 장점은 자신의 상처도 많아서 다른 사람의 상처도 잘 살피고 잘 보듬어 줄 수 있는 사람으로 비친다는 점입니다. 상처를 치유해서 자신의 긍정적 장점을 살려야 앞으로 멋진 사랑, 즉 행복한 연애를 맞이하게 될 것이라 알려 주고 싶습니다. 지금은 상처가 많이 축적되어 있습니다. 우리 내면의 상처를 담는 그릇은 무한대가 아닙니다. 그래서 상처는 참고 견디는 것이 아니라 치유해야 합니다.

4번 카드는 "나는 무엇을 변화시켜야 하나요?"에 관한 답입니다. 이분은 상대에게 너무 많이 주려고 하는 사람입니다. 그러나 저울을 들고 있는 것처럼 내면은 뭔가 평등하고 공평한 것을 굉장히 추구하는데 실제 자신이 준 만큼 돌려받지 못하면 괴로워하게 되지요. 그러나 자신이 너무 많이 주기에 자신이 주는 것을 조금 줄여야 합니다. 관심이든, 물질이든, 마음이든, 뭐든 상대와 균형이 맞는 만큼만 주어야 합니다. 그래야 균형이 잘 맞아서 멋진 사랑을 할 수 있을 것으로 보입니다.

연애 타로카드의 정석

5번 카드는 "더 성숙한 연애를 위해 자유롭게 놓아 주어야(풀어 주어야) 할 부분은 무엇인가?"라는 질문에 대한 답입니다. 이분은 연애에서 의무와 책임이라는 것을 놓아야 합니다. 마치 상대의 엄마가 된 것처럼, 연애하면서 자신이 무엇을 자꾸 해야 한다고 생각하는 것 같습니다. 이건 압박감이고 이 기간이 길어질수록 심적으로 지치게 됩니다. 연애에서 의무와 책임을 서로가 약속해서 그것을 지켜나가면 될 것 같습니다. 내가 무언가를 반드시 해야 하는 건 없습니다. 무엇을 해 주려는 생각, 이렇게 해야 한다는 고정관념을 내려놓고 좀 더 자유롭게 사랑하세요. 어차피 떠날 사람은 다 떠나고 남는 사람은 다 남으니까요. 자신의 실제 마음과 모습을 그대로 보여 주셔야 합니다. 그렇게 하면 상대가 떠나지 않을까 두렵다면 앞으로도 늘 같은 연애 패턴이 반복될 것입니다. 자신이 가면을 쓰고 연기를 하면 그것을 좋아하는 사람만 오겠지요. 그리고 내 모습이 드러날 때쯤이면 그는 떠나고요. 이게 반복되면 상처가 될 수 있답니다.

제6의
문

연애 타로점
볼 때 팁

"사랑이라는 습관에 빠져라.
그러면 삶은 더 큰 기쁨과 행복으로 가득 찰 것이다.

제대로 살고 있다면 사람들이 칭찬하든 비난하든,
혹은 사랑해 주기를 그치든 상관없게 된다.
어떻든 선하고 친절한 이는 우리를 사랑할 것이고
악한 이는 더 이상 우리를
미워하거나 해치지 않을 것이다.

최고의 선은 사랑받을 때 느낄 수 있다.
하지만 어떻게 하면 사랑받을 수 있을까
궁리해서는 사랑을 얻을 수 없다.
유일한 방법은 삶의 법과 신의 뜻을 지키고
영적 완성을 위해 노력하는 것이다."

- 톨스토이(Lev Nikolayevich, Graf Tolstoy)

여러분, 어떠세요? 이제 어색했던 타로카드가 너무 친근하게 느껴지지 않나요? 5개의 문을 모두 통과한 여러분은 혼자서도 언제든지 타로점을 볼 수 있습니다. 이제 너무 괴로워하지 마시고 힘들 때는 타로카드를 펼쳐 보십시오. 그리고 마음을 편안하게 가지고 내가 기다려야 할 때는 기다릴 줄도 알고, 내가 놓아야 할 때는 놓을 줄도 아는 지혜를 연습하는 건 어떨까요? 그리고 늘 소극적이었다면 언제 내가 적극성을 발휘할지에 대해서도 타로와 함께 의논해 보세요. 이제 여러분은 여섯 번째 문을 열었습니다. 환영합니다. 조금만 더 걸어 들어오시면 연애 타로점을 좀 더 유용하게 즐길 수 있는 팁을 몇 가지 알려드릴 것입니다.

1. 스프레드는 자신이 창조할 수 있다

모든 스프레드는 사람이 만든 스프레드입니다. 혹 우리가 모르는 몇 가지는 신께서 몰래 인간을 통해 전해 준 스프레드도 있겠지요? 여기서 제가 소개한 스프레드 중 몇 가지도 바로 제가 개발한 것입니다. 이 말은 곧 스프레드를 여러분이 개발할 수 있다는 뜻입니다. 카드의 장수를 선택한 후 자리 배치를 만들고 각각의 카드에 내용을 넣어서 만들면 멋진 스프레드가 됩니다. 스프레드가 어떻든 질문하는 자와 카드를 뽑는 자의 마음이 카드에 집중되어 있다면 카드는 언제든지 답을 줍니다.

2. 왼손으로 카드를 선택한다

반드시 왼손으로 카드를 선택할 필요는 없지만, 우리의 심장과 좀 더 가까운 쪽이 바로 왼손이라고 합니다. 모든 생각을 내려놓고 우리의 집중을 심장에 두고 심호흡을 편안하게 한 후 왼손으로 카드를 선택해 보세요. 타로카드의 에너지와 더 깊이 만나실 수 있을 거에요.

3. 이 책을 다 읽을 시간이 없는 분들은 카드를 펼쳐서 카드를 뽑은 후 의미 해석 제5의 문으로 들어가서 답을 찾는다

내가 지금 당장 나의 타로점을 보고 싶은데 이 책을 다 읽을 시간이 없다면? 걱정하지 마세요. 카드를 섞으면서 질문을 한 후 원하는 스프레드로 배치합니다. 그리고 제5의 문을 열어서 카드 의미 해석에서 자신의 결과 카드를 찾으시면 됩니다. 그 카드에 담긴 느낌과 키워드를 보고 답을 해석하시면 됩니다. 이 책은 답을 찾는 답안지로 활용하세요.

4. 같은 날에 같은 질문으로 타로점을 보지 않는다

이 부분은 책 초기에 설명하였으나 중요하기에 다시 강조합니다. 같은 질문으로 하루에 여러 번 보지 않습니다. 같은 질문으로는 하루에 한 번만 점을 보세요. 타로카드는 내가 원하는 답이 나올 때까지 보는 것이 아니랍니다. 타로카드는 진실에 가까운 사실을 우리에게 알려주고, 우리는 그것을 받아들이고 수용하는 것을 배우게 됩니다.

5. 타로카드로 하루의 운을 점칠 수 있다

어렸을 때 매일 잡지에서 읽었던 오늘의 운세 코너를 활용하셨던 분들은 이해하시겠지요? 타로카드로 오늘의 운세를 볼 수 있습니다. 전체적인 느낌을 원하면 한 장으로, 세분화된 느낌을 원한다면 아침, 점심, 저녁으로 나누어 세 장의 카드로 점을 볼 수 있습니다. 매일 아침 눈을 뜨고 서플한 후 카드 한 장을 선택합니다. 그 카드에 담긴 키워드를 보고 자신의 하루의 흐름을 감지합니다. 만일 그날 부정의 카드가 뽑혔다면 그날은 행동을 조심하고, 특히 가고 싶지 않은 곳은 안 가는 쪽을 선택하시는 게 가장 좋습니다. 타로카드로 하루의 운을 보는 것은 좋은 것을 얻으려는 것보다는 안 좋은 운을 피해 가는 쪽이 더 강합니다. 반드시 나에게 일어날 일이라면 일어나겠지만, 조심해서 그 불운이 조금이라도 강도가 떨어진다면 나에게는 좋은 일입니다. 조심해서 나쁠 것은 없기에 오늘 일진이 좋지 않은 날에는 무리하게 행동하거나, 중요한 판단을 해야 할 때나 결정을 내리는 일은 하루라도 미루는 것이 좋습니다.

6. 마음이 너무 힘들 때는 타로카드에게 말을 걸어본다

너무 힘든데 말할 사람이 없을 때, 너무 괴로운데 깊은 밤이라 누구에게도 연락할 수 없을 때, 괴로움에 나쁜 생각이 일어날 때면 타로카드를 잡아 보세요. 그리고 타로카드에게 말을 걸고 딱 한 장의 카드를 뽑아 보세요. 모든 카드에는 메시지가 있습니다. 처음 뽑은 그 카드가 첫 번째로 자신에게 하는 말을 잘 들어 보세요. 이 말은 의미 해석이나 키워드와는 상관없습니다. 자신의 직관이 말해 줍니다. 카드가 자신에게 무엇이라고 하는지 카드를 뽑는 순간 알게 됩니다. 마음이 힘들 때는 타로카드라는 친구가 있다는 것을 잊지 마세요. 여러분은 이제 자신에게 있어서는 훌륭한 타로 마스터입니다. 자신의 삶에 타로를 적극적으로 활용하세요.

　지금 바로 제7의 문을 열기 전에 한 장 뽑아 보세요. 타로가 자신에게 무엇이라고 하는지 들어 봅시다. 바로 이 카드가 나올지도 모릅니다. 그리고 카드는 우리에게 말합니다.

아가야, 활짝 웃으렴.
세상은 너를 위해 준비되어 있단다.
맘껏 두 팔 벌려 너의 삶을 즐기렴.

연애 타로카드의 정석

제7의
문

연애의
성숙을 방해하는
뇌의 장난 '펜듈럼'

"사랑의 권력은
아무것도 주지 않을 수 있는 능력에서 나온다.
상대가 당신과 같이 있으면 정말 편안하다고 말해도,
대꾸도 없이
TV 프로그램으로 화제를 바꿀 수 있는 쪽에 힘이 있다.
다른 영역에서와는 달리,
사랑에서는 상대에게 아무 의도도 없고,
바라는 것도, 구하는 것도 없는 사람이 강자다.
사랑의 목표는 소통과 이해이기 때문에,
화제를 바꿔서 대화를 막거나 두 시간 후에나 전화를
걸어주는 사람이, 힘없고 더 의존적이고 바라는 게 많은
사람에게 힘들이지 않고 권력을 행사한다."

- 알랭 드 보통(Alain de Botton)

이 문을 열면 나오는 내용은 어쩌면 이 책에서는 필요하지 않은 부분일지도 모르겠습니다. 이 책을 손에 든 사람은 정말 행복한 연애 중이지만, 재미를 위해 선택하신 분들도 계시고, 늘 고통스러운 연애에 스스로 해답을 찾고자 혹시나 하는 마음에서 집어 든 분들도 계시겠지요. 이 장은 후자에 해당하는 분들을 위한 장입니다. 그분들에게 조금이라도 도움이 되고자 이 장의 내용을 추가해 보았습니다. 저도 나름대로 아픈 연애를 해 보았기에 그분들의 마음을 너무도 잘 알기 때문입니다. 저 스스로 깨어나기 위해서 노력한 부분이 도움이 되어 그분들을 위해 소개해 보려고 합니다. 다소 딱딱하고 형식적이라 답답한 느낌이 될 수도 있지만, 개인적으로는 소중한 장입니다. 후자에 해당하는 분들이라면 꼭 읽어보세요.

여기서는 펜듈럼이라는 단어가 등장합니다. 제 개인적으로는 삶에 적용한 펜듈럼입니다. 실제 펜듈럼의 실제 의미와는 다소 차이가 나는 부분이 있으니 이 점은 양해해 주시기 바랍니다. 혹시 펜듈럼의 본 의미가 궁금하시거나 더 깊이 이해하시고 싶은 분들이 계신다면 트랜서핑 관련 책을 읽어 보시면 도움을 받을 수 있습니다.

1. 연애에서의 펜듈럼

펜듈럼은 일반 사람들에게는 익숙하지 않은 용어일 것입니다. 펜듈럼은 '트랜서핑'이라는 분야에서 사용되는 용어입니다. 그러나 그 용어의 의미를 그대로 사용하려는 것이 아닙니다. 트랜서핑에서 다루어지는 펜듈럼은 그 의미가 아주 복잡하고 어렵기 때문입니다. 그래서 제

나름대로 의미를 정리해서 연애에 적용하고자 합니다. 왜냐하면 저는 연애에 있어서 이 펜듈럼의 도움을 많이 받았기 때문입니다. 그럼 과연 펜듈럼은 무엇일까요? 처음 들으면 발음도 매우 어렵게 느껴져 거리감이 들 것입니다. 그러나 활용하기 시작하면 이것은 늘 나를 따라다니는 얄미운 친구와 같은 존재입니다. 물론 절대로 친해지면 안 되는 불평 친구 정도로 생각하시면 됩니다. 이 친구와 친해지는 순간부터 우리는 아주 심적으로 힘든 상황으로 들어가게 됩니다.

　이제 펜듈럼을 설명하자면 펜듈럼은 하나의 에너지입니다. 우리가 어떤 어려운 상황에 놓였을 때 불안을 느끼게 됩니다. 이때 펜듈럼은 영락없이 우리에게 달려듭니다. 예를 들어, 우리가 중요한 발표를 하는 순간이 왔을 때, 기다리면서 심장은 쿵쾅쿵쾅 뛰고 있을 때 어떤 사람의 마음에서는 이러한 생각이 듭니다. '너는 잘할 수 있어. 넌 지금까지 잘해 왔잖아.' 그러나 어떤 사람의 마음에서는 이러한 생각이 일어납니다. '너는 오늘 컨디션이 안 좋아서 실수할지도 몰라. 너무 떨려서 너는 아마 실력을 발휘하지 못할 거야.' 여기서 후자의 마음에 들어온 생각을 바로 펜듈럼이라고 정의하고자 합니다. 즉, 우리의 행위에 부정적인 사고를 심어주는 생각이 바로 펜듈럼입니다. 저는 이것을 뇌의 장난으로 봅니다. 우리는 생각을 어떻게 가지느냐에 따라 행동이 달라지고 그에 따른 결과도 달라집니다. 뇌는 가끔 부정적인 생각으로 우리에게 장난을 칩니다. 충분히 긍정적일 수 있지만, 뇌는 우리에게 부정적인 감정을 불러일으킬 수 있는 생각을 만들어 장난을 칩니다. 이때 함께 공범이 되는 것이 바로 펜듈럼입니다. 뇌가 부정적인 생각을 하는 순간 펜듈럼 에너지는 춤을 추며 우리에게 다가옵니다. 그리고 뇌의 장난을 우리에게 전달해 줍니다. 부정적인 생각이지요. 그리고 춤을 추며 우리가 그 생각에 사로잡히도록 유혹합니다. 쉽게 설명하려고 하니 더욱 어려워지네요. 이 펜듈럼은 우리가 연애라는 세계로 들어가는 순간부터 우리를 항상 따라다닙니다. 사실 내 순간 우리는 이 펜듈럼과 함께합니다. 그러나 이 책에서는 연애와 관련된 것들만 연결해서 설명하겠습니다.

다시 정리하자면, 펜듈럼은 나쁜 감정을 불러일으키는 생각을 만들어 내는 나쁜 생각(뇌의 장난)을 우리가 받아들이도록 유혹하는 하나의 에너지입니다. 이 에너지를 받으면 호흡이 매우 얕아지거나 거칠어지는 신체화 현상이 일어납니다. 식은땀이 나거나, 자신감이 떨어지고 우리 내면에서 불안감이 일어납니다.

연애할 때 펜듈럼이 우리를 자극하면 매우 쉽게 유혹당하게 됩니다. 그래서 이 펜듈럼을 이해하는 것은 지금 나의 연애가 잘되고 있는 것인지, 아니면 어딘가 잘못되고 있는 것인지 판단할 수 있는 좋은 도구가 됩니다. 내가 의심병이나 지나치게 부정적인 사람이 아니라면 이 펜듈럼의 유혹을 자주 겪는 연애는 좋은 연애가 아닙니다. 연애하면서 다음과 같은 펜듈럼의 유혹이 많이 일어난다면 관계를 다시 한번 생각해 보시기 바랍니다. 두 사람이 진정 사랑하고 진심으로 서로를 대한다면 펜듈럼의 에너지는 발생하지 않기 때문입니다. 완전히 발생하지 않는 일은 너무 이상적인 바람이지만, 발생한다고 하더라도 그 힘이 너무 미약하여 우리의 연애를 방해하지는 못합니다. 펜듈럼은 에너지이기에 만들어 내면 낼수록 그 힘이 매우 강해지고, 만들어내지 않으면 서서히 그 힘을 잃어갑니다. 그러므로 좋은 연애, 즉 행복한 연애는 펜듈럼의 에너지가 없는 연애입니다(앞에도 설명했듯이 아주 미미한 정도를 말합니다). 다음은 제가 정리해 놓은 연애를 방해하는 펜듈럼의 예시입니다.

불안

◎ '나의 이런 행동이 보기 싫어지면 어쩌지?'

◎ '나한테 실망하지 않을까?'

질투

◎ '나보다 예쁜 여자(멋진 남자)에게 매력을 느끼면 어쩌지?'

◎ '그 여자가 예쁜데(남자가 멋진데), 좋아하게 되는 건 아닐까?'

의심

◎ '다른 사람을 만나는 것은 아닐까?'

◎ '나를 진심으로 사랑하는 것일까?'

분노

◎ '어떻게 나한테 이럴 수 있지?'

◎ '사랑한다면 당연히 이렇게 해야 하는 거 아니야?'

복수

◎ '나에게 상처 준 너는 벌 받아야 해.'

◎ '나에게 상처 준 네가 벌 받았으면 좋겠어.'

화

◎ '예전처럼 대해 주지 않는 너한테 화가 나.'

◎ '요즘 달라진 네 모습에 화가 나.'

연애 타로카드의 정석

집착

◎ '넌 나한테서 떠나면 안 돼. 내가 어떻게 해줬는데.'

◎ '난 너 없이는 못 살아. 너도 그래야만 해. 또는 너도 그럴 거야.'

이런 부정적인 생각이 일어나면 펜듈럼이라는 에너지가 탄생합니다. 어디서부터 시작되었는지 알 수 없듯이 어디선가 에너지가 되어 나에게 다가옵니다. 그리고 이렇게 이야기합니다. '그 생각이 맞아.', '당연하지.', '이 생각(나쁜 생각)을 더 하는 게 좋겠어.'

연인에게 일어나지도 않은 미래에 대해 소설을 쓰는 사람들은 모두 이 펜듈럼의 유혹에 빠져든 사람입니다. 저 또한 그렇게 해 보았고, 지금도 수많은 사람이 올바른 연애가 아닌 연애의 세상에 빠져들어서 이러한 펜듈럼에 시달리고 있습니다.

지금 상대와의 연애에서 이와 같은 펜듈럼의 유혹에 시달린 적이 있습니까? 이 펜듈럼의 에너지는 너무도 강해서 생각을 반복하면 반복할수록 그 힘이 강해집니다. 상상하자면 처음에 티끌만큼이었던 존재가 점점 그 넓이가 점점 커져서 마치 물방울 위에 또 물방울, 그 위에 또 물방울, 또 그 위에 계속 물이 떨어져 어느 순간 내 온몸과 마음이 젖어 있는 것으로 그림을 그려 볼 수가 있겠습니다. 이렇게 부정적인 생각의 씨를 받으면 펜듈럼은 열심히 노력합니다. 여러분이 그 생각에 더욱더 깊이 빠져들게 말이지요. 여러분에게 이렇게 속삭입니다. '맞아, 맞아.', '당연하지.', '이 생각을 더 하는 게 좋겠어. 더하렴.', '계속 계속.'

우리가 상대 또는 지금 연애에 대한 부정적인 생각이 들면 잠도 자지 못하고, 우울 속으로 빠지게 되는 것도 모두 펜듈럼 때문입니다. 펜듈럼은 항상 해결책은 주지 않으면서 나쁜 생각을 반복적으로 되뇌도록 돕습니다. '더 생각해, 더 생각해.'

너무 끔찍한 에너지이지요. 상담하면서 많은 사람이 이 펜듈럼에서 빠져나오지 못합니다. 결국 그 연애를 끝내지도 않고 말이지요. 펜듈럼은 더 끝내지 못하게 도와주지요. '너는 안 돼.', '넌 그 사람을 떠나지 못해.'

이런 안타까운 상황을 많이 접하면서 선택은 자유이지만, 연애를 하는 분들에게 도움이 될지도 모른다는 생각에(제가 도움을 받은 것처럼) 펜듈럼 용어를 정리해 소개해 보았습니다. 그리고 나의 연애에서 나에게 이러한 펜듈럼이 자주 등장한다면 그 연애는 결코 좋은 연애가 될 수 없습니다. 펜듈럼의 에너지 강도를 도구로 사용해 내 연애가 지금 어떠한지 한번 측정해 보시기 바랍니다. 상대 때문에 많이 힘이 드나요? 펜듈럼은 당신을 괴롭히기 시작합니다. 다시금 나의 지금 연애를 한번 돌아보시고 현명한 판단을 통해서 행복한 연애의 길로 걸어가시길 바라는 마음입니다.

2. 참고하기

펜듈럼에서 빠져나오는 연습입니다. 위와 같은 펜듈럼의 생각에 내가 빠졌다는 생각이 들었다면 마음은 그 생각을 놓고 싶지만, 행동을 어떻게 해야 할지 모릅니다. 나는 이미 이 펜듈럼의 에너지에 압도당하고 있기 때문이지요. 그래도 다행인 것은 이러한 생각이 옳지 않다고 판단할 수 있는 단계라면 다음의 방법을 활용해 펜듈럼의 에너지에서 벗어나 보시기 바랍니다

1) 주위 사람들에게 상담을 요청하라

이때 주위 사람은 옆에 있는 아무나를 말하는 것이 아닙니다. 진정으로 올바른 연애를 하는 사람에게 도움을 요청해야 합니다. 집착이 강한 연애를 한 친구에게 나의 연애를 상담하면 그 사람은 올바른 상담을 해 줄 수 없기 때문입니다. 물론 그러한 경험을 극복한 사람은 좋은 상담가가 될 수 있을 것입니다. 그러니 주위를 보고 올바른 생각으로 연애를 하였고, 그런 경험이 있는 사람에게 상담을 요청해서 내 생각이 잘못되었고, 이 연애에서 잘못된 부분은 무엇인지 객관적으로 살펴보는 시간을 가지시기 바랍니다. 자신의 연애에 대해 부정적인 친구에게 "쟤는 내 마음을 몰라."라고 하는 것이 아닙니다. 지금 당신이 연애로 힘들다면 나 자신이 나의 마음을 제일 모르고 있는 경우가 많습니다. 정말 나쁜 사람과 인연을 계속 유지하는 나 자신, 나와 인연이 아닌데도 잡으려고 하는 나 자신을 어쩌면 내가 제일 모르고 있는 것일지도 모릅니다. 타인의 말에 귀를 기울여보는 것도 좋습니다.

2) 잠시 그 관계에 휴식을 주어라

흔히 말해서 생각할 시간을 가지는 것인데 갑자기 상대에게 이런 시간을 요청하면 오해하거나 다툼의 요소가 될 수 있으니 자신만이 느낄 수 있게 연애는 유지하되, 스스로는 생각을 많이 하는 시간을 가져야 합니다. 이때 스스로에게 기간을 정해 두는 것이 좋습니다. 3일이면 3일, 7일이면 7일, 더 길어도 좋습니다. 상대에게 맞추었던 스케줄도 자

신 쪽으로 방향을 바꾸고, 네이트 횟수노 소금 줄여서 생각할 시간을 가져야 합니다. 그리고 자신을 괴롭히는 생각, 즉 펜듈럼을 찾아서 이것이 나의 삶에 어떤 영향을 끼치는지, 무엇을 방해하는지 검토해 보아야 합니다. 이때 또 펜듈럼이 당신에게 덤벼들지도 모릅니다. '네가 거리를 두는 동안 그는 너를 떠날지도 몰라.' 이런 펜듈럼 에너지는 발로 멀리 차버리고 자신만의 시간을 가지시길 바랍니다. 그리고 자신이 정한 기간의 마지막에는 어떠한 결정을 스스로 내려야 합니다. "어떻게 해야 할지 모르겠어. 맘은 이렇게 하고 싶은데 행동으로 잘 안 돼." 이런 결과가 나온다면 다시 기간을 정하고 자신이 결정을 내릴 힘이 생길 때까지 반복해서 펜듈럼을 찾아내서서 어떠한 방향이 나에게 행복을 줄 수 있는지 잘 생각해 보세요. 연애는 이기적이어야 합니다. 무조건 내가 행복해야 합니다. 상대의 행복만을 생각해서 나를 희생하는, 즉 그 사람이 행복해야 나도 행복하다는 생각으로 하는 연애는 규칙에 어긋납니다. 그건 부모님들이 자식에게 주는 사랑이기 때문입니다. 남녀와의 사랑은 둘이 함께 행복해야 합니다. 그러니 일단 내가 행복할 수 있는 방법을 항상 선택해야 합니다. 그럴 용기를 가진 당신은 분명 행복한 연애를 하실 수 있을 것입니다. 이 사람이 나쁜 사람이지만, 나는 이 사람이 아니면 안 된다는 펜듈럼에 빠져 있다면 결코 당신은 행복한 연애를 하실 수 없습니다. 펜듈럼의 에너지에 둘러싸여 있는 사람에게는 행복이 찾아오지 않기 때문입니다.

3) 혼자 여행을 떠나라

하루든, 이틀이든, 그보다 더 긴 시간이든 내가 아픈 연애로 펜듈럼의 에너지에 둘러싸여 있다면 혼자 여행을 떠나세요. 국내든, 해외든, 어디든 떠나세요. 다만 여행하는 동안에는 최대한 좋은 생각만을 해야 하고, 연애로 힘들었던 자신을 돌이켜보고 다독여 보는 시간을 가져야 합니다. 펜듈럼은 정화에 매우 약합니다. 마음을 정화하고 호흡을 정화하며 몸을 정화하면 펜듈럼은 약해집니다. 한마디로 뇌를 쉬게 하는 것입니다. 어차피 펜듈럼은 뇌가 하는 짓이기 때문에 뇌가 쉬도록 뇌가 최대한 좋은 것을 보고, 생각할 수 있는 시간을 가지면 펜듈럼은 약해집니다. 펜듈럼이 약해질 때 우리는 분명 올바른 판단을 하게 되고, 나 자신을 생각하게 됩니다. 하루, 이틀, 사흘, 나흘… 자신을 위해서 정화하는 여행을 떠나 보세요. 그리고 자신을 돌아보세요. 내가 얼마나 많은 펜듈럼에 휩싸여 있었는지. 내가 지금 맺고 있는 이 관계가 진정 올바른 것인지. 정화하고 또 정화하고 여행에서 돌아오세요.

4) 명상하라

하루에도 5분이라는 시간이라도 고요한 시간을 가진 적이 있나요? 명상은 펜듈럼이 매우 싫어하는 행위 중의 하나입니다. 명상 또한 뇌의 휴식이기 때문에 펜듈럼의 활동을 방해하게 되지요. 물론 명상이 끝나면 다시 활개 치기는 하지만 그 또한 명상을 통해 얻은 힘으로 충분히 제어할 수 있습니다. 처음에는 스스로 시간을 정해 홀로 눈을 감고 아무 생각 없이 시간을 보내는 것만으로도 도움이 됩니다. 아마 처음에는 눈을 감아도 온통 그 사람 생각뿐이고, 펜듈럼의 생각만 느껴질지도 모릅니다. 그러나 괜찮습니다. 자신만을 위한 시간을 가지는 사람은 결코 자신에게 나쁜 쪽으로 자신을 몰아가지 않기 때문에 조금씩 자신을 사랑하는 연습을 한다고 생각하시면 됩니다. 이후 이러한 과정이 도움이 안 된다면 명상 시간을 늘려 보세요. 좀 더 명상에 집중하고 싶다면 정화의 주파수를 가진 음악을 들으며 명상을 시도해보시면 많은 도움이 됩니다. 참고로 우리에게 좋은 영향을 주는 주파수는 432Hz, 528

Hz, 639Hz, 741Hz, 852Hz, 936Hz입니다. 이 주파수에 해당하는 좋은 명상 음악이 있으니 많이 활용해 보시기 바랍니다. 만일 이 또한 도움이 안 된다면 전문가의 도움을 받아서 함께 명상하는 것도 매우 큰 도움이 됩니다. 이 모든 것은 나 자신을 위해서 하는 일입니다. 감기약처럼 서너 번 먹으면 뚝 떨어지는 것이 아니라 내가 나를 위한 노력을 하면 할수록 차츰 펜듈럼을 이기는 에너지가 내 안에서 생기게 되고 그 에너지가 커지면 나는 드디어 펜듈럼을 물리칠 수가 있습니다. 제가 제안하는 모든 것은 바로 자기를 사랑하는 일, 자기 자신을 돌보는 일입니다. 그래야 힘이 생기거든요. 그 힘이 무엇을 만드는지 아십니까? 바로 매력입니다. 이 힘이 없는 사람은 누군가에게 매력적으로 보이기 힘듭니다. 특히 내가 사랑하는 그 상대에게 말이지요. 매력적으로 보이지 않기에 나는 그 사람 때문에 힘든 것이지요. 내면의 힘이 있는 사람에게는 매력이 있습니다. 쫓아가는 사람, 잡히지 않는 사람. 여기서 갑의 에너지는 바로 달아나는 사람이지요. 내면의 힘을 키우세요. 갑 에너지가 역전될 수 있습니다. 이건 매우 중요한 에너지 수준입니다. 연애에서의 갑과 을. 바로 에너지 운동이지요. 연애에서 힘드신가요? 빨리 자신의 에너지를 상위 단계로 올리는 시간이 필요합니다. 당신의 에너지를 키우십시오. 행운을 빌겠습니다.

연애 타로카드의 정석

제8의
문

분홍빛 요정

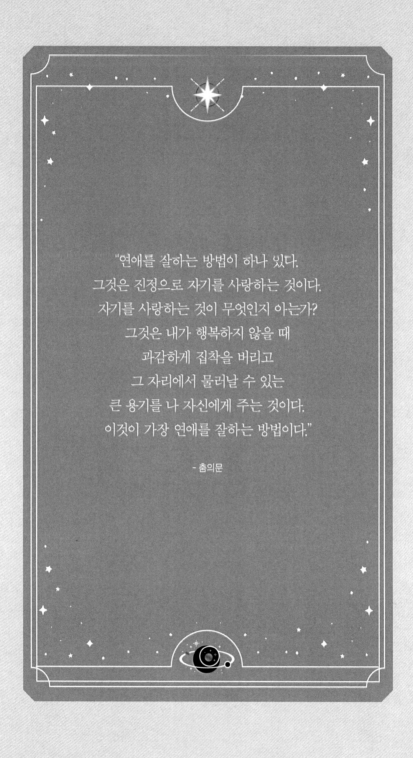

"연애를 잘하는 방법이 하나 있다.
그것은 진정으로 자기를 사랑하는 것이다.
자기를 사랑하는 것이 무엇인지 아는가?
그것은 내가 행복하지 않을 때
과감하게 집착을 버리고
그 자리에서 물러날 수 있는
큰 용기를 나 자신에게 주는 것이다.
이것이 가장 연애를 잘하는 방법이다."

- 춤의문

분홍빛 요정이 있었다. 그 요정의 몸은 100의 에너지로 이루어져 있었다. 60은 온전히 그 요정의 몸에서 생성되었다. 그래서 요정은 40이 모자랐다. 40은 요정 스스로기 이니리 디른 외부의 지극 에너지기 요정에게 접속되어 채워진다. 분홍빛 요정 중에는 60의 에너지만을 간직한 채로 존재하는 요정도 있었다. 분홍빛 요정 중에는 70의 에너지만을 간직한 채로 존재하는 요정도 있었다. 분홍빛 요정 중에는 80의 에너지, 90의 에너지, 100의 에너지로 존재하는 요정도 있었다. 에너지가 채워질수록 요정들은 행복감이 커진다고 한다.

　요정이 좋아하는 음식, 요정이 좋아하는 음악, 요정이 좋아하는 물건, 요정이 좋아하는 꽃. 그러나 그러한 물질적인 것들은 금세 채워졌다가 금세 다시 사라져버리는 에너지라고 한다. 그래서 채우기 위해서는 계속 반복해서 만나고, 듣고, 마시고, 먹어 주어야 한다. 그 에너지가 사라지면 요정은 다시 60의 에너지를 가진다. 그러나 사랑하는 요정을 만나서 그 에너지가 접속되면 굉장히 빠른 속도로 에너지가 올라간다고 한다. 그리고 요정의 에너지는 금세 100에 도달한다고 한다. 그때 요정은 굉장한 충만함을 느낀다고 한다. 그 요정이 서로의 곁에 없어도 그 에너지의 여운은 남아서 그 상대의 에너지를 감싼다고 한다. 분홍빛 요정도 사랑하는 요정을 만났다. 그리고 둘은 서로에게 부족한 에너지를 주고받았다. 둘은 금세 100으로 에너지가 가득 찼다. 무거웠다. 가벼웠던 그에게는 무거웠다. 그러나 결코 놓고 싶지 않은 무거움이었다.

　분홍빛 요정은 생각했다. 아마 모든 생물체의 사랑은 우리의 에너지 작용처럼 흐르지 않을까 하고 생각했다. 그리고 사랑이 참으로 아름답다고 생각했다. 요정의 빈자리가 어느새 꽉 차 있었다. 그 빈자리로 인해 요정은 외로움, 슬픔, 고독, 소외감 등을 느꼈는데 그것들이 어느 순간부터 없어져 버렸다. 요정은 너무도 행복했고, 너무도 가슴이 벅찬 기분이었다. 60에서 100이 되는 그 기분은 사랑하는 요정을 만나지 않은 요정은 모른다고 한다. 어떤 분홍빛 요정이 물었다. 그 느낌이 어떤 것이냐고. 분홍빛 요정은 생각했다. '어떤 단어가 좋을까?' 요정은 다시 생각했다. '그 느낌을 어떤 말로 표현해야 할지 알 수가 없구나!' 아름답다고 말하려고 했다. 그러나 그건 촌스럽다는 생각이 뒤이었다. 멋지다고 말하려고 했다. 그건 유치하다는 생각이 곧바로 그 말을 막았다. 요정은 대답했다. "글쎄…"라고 대답했다. 그리고 바로 대답했다. "세상의 모든 것이 아름다워 보여."

사랑으로 가득 찬 분홍빛 요정에게도 시간이 흘렀다. 요정은 에너지에 색이 있다는 것을 알지 못했다. 그렇다. 요정은 100이 되었다. 그런데 어느 순간 요정의 에너지 색이 어두운색으로 짙어졌다. 분홍빛 요정은 분홍빛이었다. 그러나 그 분홍은 같은 분홍이 아니었다. 처음에 10 정도, 시간이 지나자 20 정도, 20 정도로 색이 변했다는 것을 느낄 때부터 분홍빛 요정은 원인을 찾기 시작했다. 그리고 곧 원인을 찾을 수 있었다. 요정을 채워 준 그 에너지에 집착이 생긴 것이다. 이 에너지가 가득 찬 곳이 다시 빈자리가 될까 봐 요정은 불안해졌다. 그 불안이 커질수록 분홍빛이 점점 어두워졌다. 사랑하는 요정과의 접속 횟수가 줄어들기 시작하자 요정은 불만이 생겼다. 불만이 생기자 에너지의 색이 짙어졌다. 혹시 다른 요정을 사랑하게 된 건 아닐까 의심이 생겼고, 그 의심이 생기자 에너지 색은 더욱 탁하고 넓게 짙어지기 시작했다. 이제 조금 있으면 요정이 원래 가지고 있던 분홍빛은 더 이상 분홍빛이 아니

연애 타로카드의 정석

게 될 것임을 모두가 예상할 수 있었다. 요정은 생각했다. '아마 이 에너지에 향이 있다면 분명 코를 잡게 되는 고약한 냄새일 거야.'

요정의 에너지 원래의 색이 30밖에 남지 않았을 때 둘은 헤어짐을 경험하게 되었다. 요정은 괴로웠다. 그리고 요정의 나라에서 타락이라고 생각할 수 있는 행동을 하였다. 이제 누가 봐도 그 요정은 분홍빛 요정이 아니었다. 분홍빛 요정은 스스로도 괴물빛 요정이라고 불렀다.

그러나 모든 것은 변하는 법이다. 시간이 흐르면서 모든 것이 변하고 또 변하였다. 산이 변했다. 바다가 변했고, 요정들이 매일 걸터앉아 놀던 눈의 여왕 나뭇가지도 변했다. 눈의 여왕 나무도 아름답게 늙어갔다. 다른 요정들의 사랑도 변해 갔다. 만나고 헤어지고, 또 울고 웃었다. 그렇게 시간이 지났다. 시간 그리고 그 변화는 분홍빛 요정에게도 찾아왔다. 분홍빛 요정은 다시 본래대로 깨끗한 60의 분홍빛 에너지 색으로 정화되었다. 그리고 새로운 사랑을 만났다. 그 요정은 다시 분홍빛 요정의 부족한 40의 빈자리를 채워 주었다. 시간이 지날수록 분홍빛 요정의 에너지는 더욱 충만해지고 더욱더 맑아졌다. 신기하게도 꽉 찬 에너지의 자리에 10의 무게가 더 실리기 시작했다. 그리고 그 자리에 더 포개어서 다시 10이 채워졌다. 시간이 지날수록 분홍빛 요정의 에너지는 더욱더 무거워졌다. 그럴수록 요정의 마음은 점점 더 가벼워졌다. 분홍빛 요정은 너무도 신기했다. 겹쳐지는 에너지 범위가 30쯤 되었을 때, 요정은 그 원인을 찾아보았다. 요정은 쉽게 그 원인을 찾을 수 있었다. 요정을 채워준 사랑에게 감사함을 느끼자 에너지가 10이나 더 들어왔다. 그러나 자리 잡을 곳이 없으니 원래 있던 에너지 자리 위에 그대로 누워버렸다. 사랑하는 요정과의 접속이 늘어날수록 똑같은 반응이 다시 일어났다. 그리고 분홍빛 요정은 놀라움을 경험했다. 요정이 사랑의 말을 진심으로 들을 때, 그리고 진심 어린 사랑의 행동을 받았을 때, 사랑하는 요정에게 사랑의 말을 진심으로 할 때, 그리고 진심 어린 사랑의 행동을 주었을 때 많은 에너지가 분홍빛 요정 에너지 위에 들어와서 누워버렸다. 그 속도와 양은 엄청났다. 그 에너지는 아무런 색도 없으며 어떤 한계도 없는 듯했다. 에너지가 늘어났지만, 자신의 몸과 마음은 가벼워지고 있다는 것을 분홍빛 요정은 깨달았다. 아니, 느꼈다.

분홍빛 요정의 본래의 에너지 위에 누워서 뒹굴던 에너지가 어느 날 분홍빛 요정에게 말했다.

"너무 행복해."

요정은 생각했다. 행복하다고 생각했다. 그리고 분홍빛 요정은 더욱 분홍빛으로 빛났다.

나의 에너지를 보존해 주는 사람, 나의 에너지에 힘을 더해 주는 사람, 나의 에너지의 색을 탁한 색으로 짙게 물들이지 않는 사람.

언제 나에게 다가올지 모르는 그 사람을 기다리는 설렘을 오늘도 놓치지 마세요. 반드시 여러분 곁으로 올 것입니다.

온 세상에 날아다니고 있는 사랑의 에너지 중에서 여러분의 사랑의 에너지가 아직 도착하지 않았나요? 걱정하지 마세요. 지금 여러분에게 도착하기 위해 열심히 날아오고 있습니다.

부록

독자들에게 보내는 편지
– "관성의 법칙을
기억하라."

출판 전, 나는 이 글을 내 책 속에 담지 않으면 후회할 것 같은 마음이 들었다. 그래서 과감하게 몇 자 적는다. 나의 친동생에게 말하듯이 편하게 적고자 하니 이해를 바란다. 사실 독자들이 이 부록을 가장 마음에 들어 하길 바란다.

다른 말은 다 필요 없다. 좋은 운이 제일 비켜가는 사람은 급하고 매달리는 사람이다. 그건 펜듈럼 때문이다. 펜듈럼은 좋은 운이 오지 못하게 한다. 그러니 나쁜 사람이든, 좋은 사람이든 지금 그 사람 때문에 내가 아프다면 일단 매달리지 않는다. 갑자기 내가 멈추면 된다.

"선생님. 저는 그게 안 돼요."
- 된다.

"선생님. 어떻게 그래요? 그렇게 사랑했는데."
- 괜찮다. 된다.

"그 사람이 없으면 죽을 것 같은데, 전 못해요."
- 못하지 않는다.

나는 무용 전공이라 무용을 예로 들어 보면 무용을 잘하는 사람은 관성의 법칙을 꺾을 줄 아는 사람이다. 무용을 잘하는 사람은 달리다가 갑자기 멈출 줄 안다. 땅에서 구르다가 갑자기 공중으로 뛰어오를 줄 안다. 오른쪽으로 돌다가 갑자기 왼쪽으로 돌아서 돌 수 있다. 점프해서 공중으로 뛰다가 갑자기 바닥으로 떨어져 신나게 뒹굴 줄 안다. 무용 초보자는 이것을 못한다. 관성의 법칙 때문에 방향 전환을 하지

연애 타로카드의 정석

못한다. 그래서 훈련이 필요하다. 오랫동안 되지 않아서 자신의 머리를 쥐어뜯고 싶은 충동에 사로잡히기도 한다. 울기도 하고 자책하기도 한다. 그러나 훈련으로 곧 능숙해지는 지경에 이른다.

　나는 연애도 이와 같다고 생각한다. 둘이 손잡고 행복하게 가다가 한 사람이 관성의 법칙을 깨고 방향을 틀면 나는 그 힘의 충격으로 바다에 내동댕이쳐진다. 그리고 그 아픔에 나도 나 자신을 내동댕이친다. 그리고 한동안 일어서지 못한다. 바로 일어나길 나도 바라지 않는다. 그러나 꼭 일어나길 바란다. 다른 방향이 있고 다른 동작이 있다. 이 동작에 매달리지 마라. 누구나 다시 태어나지 않는 이상 안 되는 동작이 있다. 이 동작에 집착하면 팔다리가 다 부러진다. 안 되는 것에는 모두 이유가 있다. 하늘은 당신보다 더 깊은 계획을 가지고 있다. 그 사람이 너를 떠나게 만드는 계획이 있다. 너를 죽이려는 계획이 아니라 너를 살리려는 계획이니 까불지 말고 신의 계획을 믿어라. 매달리지 마라. 이것만 잘 지켜도 떠난 자가 돌아오는 기적까지 따낼 수 있다. 지금 떠나려는 자 때문에, 또는 떠난 자 때문에 괴로운 사람이 공감되지 않는 이 글에 화가 나서 이 책을 버리고 싶다면 나의 진실을 생각해서라도 이 부록만 찢고 책은 고이 책장에 꽂아 주길 바라는 마음이다. 연애가 끝난 사람이 아니라면 언젠가는 도움이 될 책이다. 나의 진실한 마음을 아주 가득 담았기 때문이다.

　다시 한번 책을 읽어주는 독자들에게 감사를 보낸다. 그 보답으로 이 책 속에 나의 사랑과 정성을 진실하게 담아서 출판할 것이다. 그리고 알지는 못하지만 당신을 위해서 좋은 에너지를 보낼 것을 약속한다.